Martin Weber

Die Ihr-seid-Worte

Wie Gott uns sieht

BRUNNEN
Verlag GmbH · Giessen

Der Autor: Martin Weber, Jg. 1976, arbeitet als Referent im „Zentrum für Gemeindeentwicklung und Missionale Kirche“ und wohnt in Kirchberg/Murr. Er ist verheiratet und hat vier Kinder.

Quellennachweise:
S. 61, Frage 3 zum Austausch: www.DMGint.de, Dr. Detlef Blöcher.
S. 68, Frage 3 zum Austausch: **Wir haben es uns gut hier eingerichtet**, Text & Melodie: Manfred Siebald © 1974 SCM Hänssler, 71087 Holzgerlingen.

Konzeption und Text: Martin Weber
Lektorat: Susanne Baum

4. Auflage 2025

Gottlieb-Daimler-St.r. 22, 35398 Gießen
www.brunnen-verlag.de; info@brunnen-verlag.de

Umschlagmotiv: Shutterstock
Umschlaggestaltung: Eva Joneleit
Satz: Uhl + Massopust, Aalen
Druck: Druckerei Arka, Polen
ISBN 978-3-7655-0808-0

Inhalt

Verzeichnis der Abkürzungen

Altes Testament

1 Mo	Das erste Buch Mose
2 Mo	Das zweite Buch Mose
3 Mo	Das dritte Buch Mose
4 Mo	Das vierte Buch Mose
5 Mo	Das fünfte Buch Mose
Jos	Das Buch Josua
Ri	Das Buch über die Richter
Ruth	Das Buch Ruth
1 Sam	Das erste Buch Samuel
2 Sam	Das zweite Buch Samuel
1 Kön	Das erste Buch über die Könige
2 Kön	Das zweite Buch über die Könige
1 Chr	Das erste Buch der Chronik
2 Chr	Das zweite Buch der Chronik
Esra	Das Buch Esra
Neh	Das Buch Nehemia
Est	Das Buch Esther
Hiob	Das Buch Hiob
Ps	Die Psalmen
Spr	Die Sammlung der Sprüche
Pred	Der Prediger Salomo
Hld	Das Hohelied
Jes	Der Prophet Jesaja
Jer	Der Prophet Jeremia
Klgl	Die Klagelieder
Hes	Der Prophet Hesekiel
Dan	Der Prophet Daniel
Hos	Der Prophet Hosea
Joel	Der Prophet Joel
Am	Der Prophet Amos
Ob	Der Prophet Obadja
Jona	Der Prophet Jona
Mi	Der Prophet Micha
Nah	Der Prophet Nahum
Hab	Der Prophet Habakuk
Zef	Der Prophet Zefanja
Hag	Der Prophet Haggai
Sach	Der Prophet Sacharja
Mal	Der Prophet Maleachi

Neues Testament

Mt	Das Evangelium nach Matthäus
Mk	Das Evangelium nach Markus
Lk	Das Evangelium nach Lukas
Joh	Das Evangelium nach Johannes
Apg	Die Apostelgeschichte
Röm	Der Brief des Paulus an die Christen in Rom
1 Kor	Der erste Brief des Paulus an die Christen in Korinth
2 Kor	Der zweite Brief des Paulus an die Christen in Korinth
Gal	Der Brief des Paulus an die Christen in Galatien
Eph	Der Brief des Paulus an die Christen in Ephesus
Phil	Der Brief des Paulus an die Christen in Philippi
Kol	Der Brief des Paulus an die Christen in Kolossä
1 Thess	Der erste Brief des Paulus an die Christen in Thessalonich
2 Thess	Der zweite Brief des Paulus an die Christen in Thessalonich
1 Tim	Der erste Brief des Paulus an Timotheus
2 Tim	Der zweite Brief des Paulus an Timotheus
Tit	Der Brief des Paulus an Titus
Phlm	Der Brief des Paulus an Philemon
Hebr	Der Brief an die Hebräer
Jak	Der Brief des Jakobus
1 Petr	Der erste Brief des Petrus
2 Petr	Der zweite Brief des Petrus
1 Joh	Der erste Brief des Johannes
2 Joh	Der zweite Brief des Johannes
3 Joh	Der dritte Brief des Johannes
Jud	Der Brief des Judas
Offb	Die Offenbarung an Johannes

Fragen zu diesem Kurs

Zielsetzung

1. **Worum geht es in diesem Kurs?** Um drei Ziele, die alle wichtig sind:

a. **Nahrung für die Seele.** – „Der Mensch lebt nicht vom Brot allein, sondern von dem Wort, das Gott spricht." In seinem Wort stellt Gott sich uns vor. Hier können wir ihn kennenlernen. Wer mehr über Gott und den christlichen Glauben erfahren will, muss sich mit der Bibel beschäftigen. Wer als Christ im Glauben wachsen will, muss sich aus dem Wort Gottes „ernähren".

b. **Gemeinschaft.** – Im Gespräch über Glaubensfragen und Lebenserfahrungen kommen wir einander näher und können zu einer Gemeinschaft zusammenwachsen, in der man sich im Alltag und im Glauben gegenseitig trägt und unterstützt.

c. **Wachstum.** – Dieser Kurs wendet sich auch an Menschen, die bisher mit dem christlichen Glauben noch wenig in Berührung gekommen sind. Wenn Sie immer wieder andere zu Ihren Treffen einladen, kann die Gruppe wachsen, bis eine Teilung nötig wird. Beide neuen Kreise sollen ebenso wachsen, bis sie zu groß sind und sich teilen – und so weiter.

Teilnehmer

2. **Für wen soll dieser Gesprächskreis sein?**

- Für Menschen, die Fragen an das Leben haben und wissen möchten, ob der christliche Glaube ihnen weiterhelfen kann.
- Für Menschen, die sich – neu oder wieder – intensiver mit dem christlichen Glauben beschäftigen wollen.
- Für Menschen, denen Kirche und Glauben fremd geworden sind, die aber nach einem neuen Zugang zum Glauben suchen.
- Für Christen, die die Bibel besser kennenlernen und tiefer verstehen wollen.
- Für Menschen, die im Gespräch über Glaubensfragen und im Gebet füreinander in ihrem Glauben wachsen möchten.
- Für Menschen, die mit Schwierigkeiten und Problemen zu kämpfen haben und eine Gruppe suchen, die Unterstützung und Zusammenhalt bieten kann.

Der erste Schritt

3. **Wie sollen wir anfangen?** Machen Sie sich eine Liste mit den Namen, die Ihnen jetzt als mögliche Teilnehmer einfallen. Hängen Sie die Liste an einen Platz, an dem Ihr Blick immer wieder einmal darauffällt. Lassen Sie sie dort, bis Sie alle, die Sie auf Ihrer Liste notiert haben, gefragt haben, ob sie Interesse an einem solchen Gesprächskreis haben.

Das erste Treffen

4. **Was geschieht beim ersten Treffen?** Sie lernen einander als neue Gruppe kennen bzw. begrüßen neue Mitglieder, wenn Ihre Gruppe schon länger besteht. Sie sprechen über Ihre Erwartungen an diesen Kurs und vereinbaren „Spielregeln", die in der Gruppe gelten sollen.

Spielregeln

5. **Wie entsteht die Vereinbarung über die Spielregeln?** Sprechen Sie über die nachfolgenden Fragen, und notieren Sie die Punkte, bei denen Sie Einigung erzielen. So können Sie am Ende des Kurses gut beurteilen, ob Sie Ihre Ziele erreicht haben.

- Was ist der Zweck Ihrer Treffen?
- Wie oft wollen Sie sich treffen? (Dieser Kurs bietet Ihnen Gesprächsanregungen für neun Treffen. Wenn Sie danach weiterhin zusammenkommen wollen, verlängern Sie einfach Ihre Abmachung.)
- Wo wollen Sie sich treffen?
- Um welche Uhrzeit sollen die Treffen beginnen und wie lange sollen sie dauern?
- Welchen Rahmen wollen Sie Ihren Treffen geben? Soll es Getränke und etwas zum Knabbern geben? Wer ist dafür zuständig?

Hilfreich ist es, wenn Sie **Regeln für das Gespräch in der Gruppe** vereinbaren. Dazu könnten folgende Vereinbarungen gehören:

- Was in diesem Kreis gesagt wird, ist vertraulich und wird nicht nach außen getragen.
- Wir reden nicht übereinander, sondern miteinander.
- Gesprächsbeiträge werden nicht bewertet; jeder Teilnehmer wird mit seiner Meinung ernst genommen.
- Es gibt keine „unmöglichen“ Positionen. Wenn es Meinungsunterschiede gibt, begründet jeder seine eigene Sicht.

- ______________________________

- ______________________________

Sie können ergänzen, was Ihnen sonst noch für Ihre Gruppe wichtig zu sein scheint.

Zeitlicher Rahmen

6. **Wie lange dauert ein Treffen?** Die Mindestzeitangaben für die einzelnen Bausteine des Treffens sind für Gruppen gedacht, die nur eine Stunde zusammen sein können. Wenn Sie mehr Zeit zur Verfügung haben, verlängern Sie die angegebenen Zeiten einfach entsprechend.

7. **Warum verabreden Sie sich zunächst nur für eine bestimmte Anzahl von Treffen?** Weil es leichter ist, sich für einen überschaubaren Zeitraum für eine Sache zu entscheiden und sie wirklich durchzuhalten, als eine Verpflichtung auf unbestimmte Zeit einzugehen. Wenn Sie nach Abschluss des Kurses weiter als Gruppe zusammenbleiben wollen – umso besser.

Gesprächsinhalt

8. **Was wird bei den Treffen besprochen?** In diesem Kurs geht es um die christliche Gemeinde. Sehr oft wird sie im Neuen Testament in Bildern beschrieben. Diese Bilder möchte ich mit Ihnen nachzeichnen und verstehen. Dabei geht es darum, das Geschenk, das Gott uns mit unseren Gemeinden macht, neu schätzen zu lernen. Und weil ich Teil der Gemeinde bin, wird es in jedem Kapitel immer auch um mich persönlich gehen.

Das Inhaltsverzeichnis bietet eine Übersicht über die Texte und Themen.

Vielleicht möchten Sie auch ein zusätzliches Treffen einplanen, in dem Sie sich gemeinsam mit den Spielregeln für diese Gruppe und der Einführung zu den „Ihr-seid-Worten“ beschäftigen.

Bibelkenntnis

9. Und wenn jemand in der Gruppe wenig von der Bibel weiß? Prima! Dafür ist die Gruppe ja da. Die Erläuterungen geben Ihnen Hinweise zum Verständnis größerer Zusammenhänge, einzelner Ausdrücke, geschichtlicher Hintergründe oder wichtiger Personen im Text. Greifen Sie immer dann auf die Erläuterungen zurück, wenn der Sinn des Textes sich nicht von selbst erschließt.

Bibel dabeihaben. Die Texte, auf die sich dieses Heft bezieht, sind in den einzelnen Einheiten abgedruckt. Weil aber auch immer wieder einmal auf weitere biblische Zusammenhänge verwiesen wird, ist es gut, wenn die Teilnehmer auch eine Vollbibel dabeihaben, um entsprechende Stellen nachschlagen zu können.

„Hausaufgaben"

10. Was muss ich sonst noch tun? Nichts, wenn Sie nicht wollen. Aber Sie können über das hinausgehen, was in der Gruppe besprochen wird. Nicht immer werden Sie alle *Erläuterungen* gemeinsam in der Gruppe lesen und diskutieren können. Wenn Sie die Zusatzinformation voll ausschöpfen möchten, haben Sie dafür zwei Möglichkeiten:

- Lesen Sie Text und Erläuterungen vorbereitend zu Hause. Oder:
- Vertiefen Sie das Gespräch über einen Text im Anschluss an Ihr Gruppentreffen. Lesen Sie den Text noch einmal im Zusammenhang und nehmen Sie sich Zeit, die Erläuterungen zu studieren.

Der Traum

11. Der Traum, der dahintersteckt: Menschen treffen sich und wachsen zu einer tragfähigen Gemeinschaft zusammen, in der jeder eine Heimat findet und in seinen Freuden und Schwierigkeiten angenommen ist. Menschen kommen zusammen, reden über ihr Leben und ihren Glauben und begegnen der Bibel – egal, ob sie Kirchenmitglieder sind, vom Glauben bisher viel oder wenig wissen, ob sie Christen sind oder nicht.

„Serendipity"

12. Was heißt Serendipity? „Die Gabe, zufällig glückliche Entdeckungen zu machen." Genau darum geht es beim Kursmaterial „Serendipity bibel": Menschen kommen ins Gespräch über das Leben und den Glauben, tauschen Erfahrungen aus, setzen sich mit Fragen nach Gott und der Welt, nach Glaube und Bibel auseinander und machen dabei – möglicherweise ganz unvermutet – wertvolle Entdeckungen für ihr Leben.

Hinweise für Gruppenleiter

13. Weitergehen. Weitere Kurshefte zu vielen biblischen Themen finden Sie auf unserer Homepage:
https://www.brunnen-verlag.de/serendipity

Wie verläuft ein Treffen?

Jedes Treffen besteht aus drei Teilen:

1. EINSTIEG (15–20 Minuten)

Der Einstieg bietet Hilfen an, um sich untereinander kennenzulernen und ins Gespräch zu kommen. Die Impulse in diesem Teil zielen darauf ab, mehr voneinander zu erfahren, damit gute Beziehungen untereinander wachsen können.

2. BIBELGESPRÄCH (30–40 Minuten)

Lesen Sie den Bibeltext zunächst gemeinsam. Die Fragen in diesem Teil beziehen sich auf den Bibeltext bzw. das Thema der Gesprächseinheit. Sie helfen, den Bibeltext zu erschließen, und geben Ihnen einen Leitfaden für Ihr Gespräch. Greifen Sie immer dann auf die *Erläuterungen* zurück, wenn der Sinn des Textes sich nicht von selbst erschließt.

Sie werden vielleicht nicht alle Fragen in der zur Verfügung stehenden Zeit ansprechen können. Wählen Sie dann einfach die aus, die Ihrer Gruppe am wichtigsten erscheinen.

Wenn Ihre Gruppe recht groß ist, können Sie auch überlegen, ob Sie sich für das Bibelgespräch – immer oder hin und wieder – in kleinere Gruppen (etwa zu viert) aufteilen. Das gibt jedem Einzelnen die Möglichkeit, häufiger zu Wort zu kommen.

Wichtig: Zu manchen Fragen möchten Sie sich vielleicht nicht in der Gruppe äußern. Geben Sie aber Ihre Antwort für sich persönlich. Natürlich hat jeder die Freiheit, nur das mitzuteilen, was er wirklich möchte.

3. AUSTAUSCH UND GEBET (15–40 Minuten)

Hier ist Gelegenheit, den Text noch einmal ganz persönlich auf sich wirken zu lassen und, wenn Sie möchten, persönliche Anliegen anzusprechen. Dieser Austausch und das gemeinsame Gebet füreinander dienen ganz entscheidend dem Zusammenwachsen und dem Aufbau einer tragfähigen Gemeinschaft.

Die *Mindestzeitangaben* sind für Gruppen gedacht, die nur eine Stunde zur Verfügung haben. Wenn Sie mehr Zeit haben, verlängern Sie die angegebenen Zeiten einfach entsprechend.

Einführung: Gemeinde – wie Gott sich unser Miteinander denkt

Was ist eine christliche Gemeinde? Wie sieht sie aus? Wie geht es in ihr zu? Wie leben wir miteinander in und als christliche Gemeinde?

Gemeinde

Überall, wo sich Christen zusammentun, entsteht Gemeinde. Jesus wollte nie, dass der Glaube an ihn allein gelebt wird, sondern in Gemeinschaft. Die kleinste Gemeindeform ist die Zweierschaft, denn Jesus sagt (Mt 18,20): „Wo zwei oder drei in meinem Namen versammelt sind, da bin ich in ihrer Mitte." Egal also, wie groß eine Gemeinde ist, Jesus ist dabei und will seine Christen prägen.

Spannend

Manchmal wird Gemeinde als langweilig betrachtet. Doch wenn Gott die Mitte ist und uns, seine geliebten Kinder, mit allem ausstattet, um in der Gemeinde und mit der Gemeinde etwas bewirken zu können, sollte es dann nicht eher spannend werden? Ich will mich herausfordern lassen, Gemeinde als Möglichkeit zu entdecken, Gott auf frischer Tat zu ertappen. Sie auch?

Bilder

Je länger ich in der Bibel lese, desto mehr fällt mir auf, dass die neutestamentlichen Autoren Gemeinde nicht nur mit sachlichen Aussagen beschreiben, sondern dass sie plastische Bilder vor Augen malen, was und wie Gemeinde sein kann. Das sind Bilder aus der Botanik, der Architektur, der Anatomie usw. Es ist sehr anregend, diese Bilder nachzuzeichnen.

Ihr-seid-Worte

Dazu werden die Aussagen dieser Bilder (meist) durch „Ihr-seid-Worte" auf die Leser angewandt. Diese „Ihr-seid-Worte" stehen den sieben „Ich-bin-Worten" Jesu aus dem Johannes-Evangelium gegenüber und bilden eine Art Gegenstück. Es geht um so etwas wie eine Zuschreibung, was christliche Gemeinde ist. Die Aussage dieser Bilder mit ihren „Ihr-seid-Worten" möchte ich gerne mit Ihnen entdecken.

Los geht's!

Jedes dieser Gemeinde-Bilder zeichnet einen Aspekt von christlicher Gemeinde und umschreibt eine Funktion bzw. Aufgabe von uns Christen. So werden wir darüber nachdenken, wie Menschen Teil der christlichen Gemeinde werden, welche Aufgabe Einzelne in der Gemeinde erfüllen, wie wir gemeinsam die Welt verändern, wie wir zusammen auf Jesu Wiederkunft warten lernen u. v. m.

Ich wünsche Ihnen viel Freude und

gewinnbringendes Staunen, wenn Sie entdecken, welches Geschenk Jesus uns mit unseren Gemeinden macht. Sie wollen mehr sein als lediglich eine Ansammlung Gleichgesinnter, mehr als ein sozialer Zusammenschluss, mehr als eine Gottesdienstgemeinschaft. Die Gemeinde ist der Raum, in dem Jesus uns prägend begegnet und in dem wir sowohl Erfahrungen mit ihm als auch Erlebnisse mit anderen sammeln können.

1 Ihr seid ein Ölzweig

Römer 11,16b-24

EINSTIEG

(15–20 Minuten) Wählen Sie bitte eine oder zwei Fragen aus.

1. Viele bauen Obst und Gemüse an – manche sogar auf dem Balkon. Andere haben einen Schrebergarten oder einen eigenen Obstbaumgarten und sind Meister im Obstbaumschnitt. Erzählen Sie einander von Ihren Erfahrungen im Gartenbau!

2. Im Bibeltext geht es um verschiedene Völker. Welche Völker kennen Sie? Welche Länder haben Sie schon bereist? War jemand aus Ihrer Gruppe schon mal in Israel? Hat dieses Land für Sie aus historischen, religiösen, sozialen und politischen Gründen eine besondere Bedeutung?

3. Eine persönliche Frage, die Sie in Ihrer Gruppe diskutieren können, die aber auch jeder für sich selbst beantworten kann: Wie sehr neigen Sie dazu, auf andere herabzusehen? Müssen andere durch Sie erfahren, dass sie zweitrangig, weniger wert sind? Wenn ja, wieso? Wie könnte solch ein Denken verändert werden?

4. Wenn Sie Kontakt zu einer jüdischen Gemeinde oder auch zu messianischen Juden haben: Was verbindet uns Christen mit ihnen, was trennt uns?

BIBELTEXT

Eingepfropft

16b Wenn die Wurzel des Ölbaums Gott geweiht ist, sind auch die Zweige ihm geweiht.
17 Nun wurden aber einige dieser Zweige ausgebrochen, und unter die übrig gebliebenen Zweige bist du, der Zweig eines wilden Ölbaums, eingepfropft worden und wirst jetzt wie sie vom Saft aus der Wurzel des edlen
Ölbaums genährt. 18 Doch das ist kein Grund, verächtlich auf die anderen
Zweige herabzusehen. Wenn du meinst, du hättest das Recht dazu, dann lass dir gesagt sein: Nicht du trägst die Wurzel, sondern die Wurzel trägt dich.
19 „Aber", entgegnest du vielleicht, „damit ich eingepfropft werden konnte,
sind andere Zweige ausgebrochen worden!" 20 Einverstanden. Aber dass sie
ausgebrochen wurden, lag an ihrem Unglauben, und dass du da stehst, wo du stehst, liegt an deinem Glauben. Darum sei nicht überheblich, sondern sei
dir bewusst, in welcher Gefahr du dich befindest. 21 Denn wenn Gott die na-
türlichen Zweige nicht verschont hat, warum sollte er dann dich verschonen?

[22] Du hast hier also beides vor Augen, Gottes Güte und Gottes Strenge:
seine Strenge denen gegenüber, die sich von ihm abgewendet haben, und
seine Güte dir gegenüber – vorausgesetzt, du hörst nicht auf, dich auf seine
Güte zu verlassen; sonst wirst auch du abgehauen werden. [23] Die ausgebrochenen Zweige dagegen werden wieder eingepfropft werden, sofern sie
nicht an ihrem Unglauben festhalten. Denn es steht sehr wohl in Gottes
Macht, sie wieder einzupfropfen. [24] Wenn nämlich du aus dem wilden Ölbaum herausgeschnitten wurdest, zu dem du von Natur aus gehörtest, und
auf den edlen Ölbaum aufgepfropft worden bist, mit dem du doch von Natur
aus nichts gemeinsam hast, wie viel leichter wird es dann sein, die Zweige,
die von Natur aus zum edlen Ölbaum gehören, wieder auf ihren eigenen
Baum aufzupfropfen!

BIBELGESPRÄCH

(30–40 Minuten)
Wählen Sie ggf. unter den Fragen aus.

1. Paulus malt ein Bild. Dabei setzt er einzelne Bestandteile des Ölbaums mit Personengruppen gleich. Ordnen Sie bitte zu! Umstritten ist oft: Für was steht die Wurzel? Was meinen Sie?

2. Schauen Sie sich das Bild des Malers und katholischen Priesters Sieger Köder an, das den Titel „Stammbaum Jesu“ trägt! Welche biblischen Personen identifizieren Sie? – Eine Hilfe könnten die Gegenstände sein, die sie bei sich haben (dass die Mutter Jesu aufgenommen wurde, ist katholische Färbung). Wie interpretiert S. Köder die Verheißung, von der Paulus spricht? Wer oder was ist in seiner Darstellung die Wurzel?

3. Den ganzen Tag über haben wir Entscheidungen zu treffen. Dabei haben wir die freie Wahl, was wir essen, was wir anziehen usw. Wie ist es beim Glauben? Hat der Mensch auch in Bezug auf den Glauben einen freien Willen oder ist sein Wille gebunden, unfrei? D. h.: Können wir uns frei für oder gegen Jesus entscheiden? Was bedeutet das für Ihr Gottesbild, sollte Gott der Souverän sein, der über den Glauben frei verfügt?

4. Wie denken Sie darüber, dass Gott erwählt und verstockt? – Und der Mensch offensichtlich dennoch selber schuldig ist, wenn er nicht glaubt, und am Ende dafür bestraft wird?

5. Immer wieder begegnet man der Auffassung: Die einen erwählt Gott und ihnen geht es gut. Die anderen verwirft Gott und ihnen geht es schlecht. Wieso aber lässt sich Gottes Handeln nicht am Ergehen eines Menschen ablesen?

6. Worin besteht der Unterschied zwischen einer gesunden Heilsgewissheit und einer falschen Heilssicherheit?

AUSTAUSCH

(15–30 Minuten) Wählen Sie ggf. unter den Fragen aus. Sie können das Gespräch mit einem gemeinsamen Gebet abschließen. Fragen, die nicht in der Gruppe thematisiert werden, können Ihnen auch als Anstoß dienen, zu Hause den Text vertiefend zu betrachten.

1. Messianische Juden und Christen aus allen Erdteilen bilden gemeinsam Gottes Gemeinde. Was sie gemeinsam haben, ist der Glaube an Jesus Christus. Alles andere fällt als Kriterium für Gemeinde-Identität weg. Spielt in Ihrer Gruppe bzw. Gemeinde der Glaube an Jesus diese Zentralstellung? Wenn ja, wie zeigt sich das konkret?

2. Leider haben Christen die Ermahnung des Paulus oftmals nicht beherzigt und das Volk der Juden bitter verachtet, verfolgt, getötet. Welche Beispiele fallen Ihnen ein? Vielleicht gibt es in Ihrer Nähe ein Museum, das über das Ergehen von Juden im Lauf der Jahrhunderte erzählt. Wollen Sie als Gruppe einen Ausflug dorthin machen?

3. Das Verhältnis von Juden und Christen ist auch heute nicht immer spannungsfrei. Was wäre Ihnen am Dialog zwischen Juden und Christen wichtig? Was denken Sie zur intensiv diskutierten Frage der Judenmission: Dürfen/sollen/müssen Christen Juden gegenüber Jesus bezeugen mit dem Ziel, dass auch sie zum Glauben an Jesus finden?

4. Sie als Christ haben allen Grund, Ihrem Gott dankbar zu sein, dass er ausgerechnet Sie erwählt hat! Wollen Sie sich Zeit nehmen und gemeinsam Gott Ihren Dank ausdrücken? Loben, besingen und jubeln Sie über Gottes abgrundtiefe Liebe zu Ihnen!

ERLÄUTERUNGEN

Zusammenhang des Textes: Der Römerbrief ist das Schreiben des Apostels Paulus, mit dem er sich der Christengemeinde in Rom vorstellt, die ein anderer gegründet hatte. Seiner Ansicht nach war seine Aufgabe der Heidenmission im Osten des Römischen Reiches abgeschlossen; nun orientiert er sich nach Westen. Dafür möchte er die Gemeinde in Rom gewinnen, um über sie bis nach Spanien zu reisen (vgl. Röm 15,24). Rom sollte sein Stützpunkt bzw. das lokale Scharnier beider Arbeitszweige werden. Dementsprechend gründlich ist Paulus in seiner Darstellung und baut seinen Brief stringent logisch auf. Sie sollen seine theologischen Überzeugungen kennenlernen. Das Zentrum dabei ist für Paulus die Person und das Werk Jesu Christi.

Der Römerbrief teilt sich in einen lehrhaften (Kapitel 1–11) und einen handlungsorientierten Teil (Kapitel 12–16). Herausgehoben sind dabei die Kapitel 9–11, die Gottes Volk Israel zum Thema haben. Als Jude will Paulus Juden für Jesus gewinnen. Darum geht er immer zuerst, wenn er auf Reisen ist, in die Synagoge. Doch dort erfährt er allermeist Ablehnung, wenn er aufzeigt, dass Jesus der lang erwartete Messias der Juden ist. Deshalb wendet er sich auch den Heiden zu (vgl. Apg 18,6). Für ihn ist dabei eine der brennendsten Fragen: Was aber hat Gott mit seinem auserwählten Volk der Juden vor? Ist Gottes Erwählung mit Jesu Tod und Auferstehen und dem Entstehen christlicher Gemeinden hinfällig geworden? Seine Antwort: Nein, Gott bleibt Israel treu. Doch was er in Jesus Christus getan hat, geschah auch für die Juden. Weil alle Menschen – Juden wie Heiden – im Widerspruch zu Gott leben, also Gottlose sind (vgl. 1,18–3,20), brauchen alle – Juden wie Heiden – Jesus Christus, in dem Gott selber zu ihnen gekommen ist, um sie gerecht zu machen (3,21–5,21).

Der Gesamtzusammenhang von Röm 9–11: Nachdem Paulus in 9,1-5 deutlich die bleibende Erwählung Israels unterstreicht, ergänzt er in 9,6-33 die Erwählung Israels durch die Erwählung der Heidenvölker. Gott liebt sie beide. Doch wenn Israel bei seinem bisherigen Weg bleibt, d.h. durch Halten der mosaischen Gesetze zu Gott kommen will, und nicht in Jesus seinen Messias erkennt, verliert es das Heil (10,1-21). In 11,1-10 unterscheidet Paulus daher zwei Gruppen im Volk Israel: den Teil, der verstockt ist und darum nicht an Jesus glaubt, und den Teil, der in Jesus seinen Messias sieht und darum gerettet ist. Anschließend konkretisiert er in 11,11-24 das Verhältnis von Juden und Heiden, um abschließend die Rettung ganz Israels zu proklamieren (11,25-32). Den ganzen Komplex (Kapitel 9–11) rundet Paulus mit einem Lobpreis ab (11,33-36).

Der engere Zusammenhang von Röm 11,16-24: In 11,11-32 umkreist Paulus in drei Gedankengängen (11,11b-15; 16-24; 25-32) die beiden relevanten Fragen, die er mit 11,11a aufwirft: 1. Warum ist die Mehrheit der Israeliten verstockt? Antwort: Es ist Gottes Absicht, denn er verfolgt ein Ziel damit! 2. Wie lange dauert ihre Verstockung? Antwort: Sie ist nicht von Dauer, sondern zeitlich befristet.

In unserem Abschnitt 11,16b-24 veranschaulicht Paulus mit dem Bild eines Ölbaums und seiner Zweige, mit welcher Haltung Christengemeinden ihre Zugehörigkeit zum Ölbaum leben sollen.

11,16b: Wenn die Wurzel des Ölbaums Gott geweiht ist, sind auch die Zweige ihm geweiht. Paulus malt das Bild eines Ölbaums. Dabei fokussiert er zunächst die **Wurzel**. Wenn sie Gott gehört, dann auch der ganze Baum, samt allen Zweigen, die aus der Wurzel wachsen und die von ihr getragen und ernährt werden. Paulus beschreibt den Grundsatz: Ein Teil steht für das Ganze.

Doch erst nach und nach wird deutlich, was Paulus mit diesem Bild eigentlich meint.

11,17: Nun wurden aber einige dieser Zweige ausgebrochen, und unter die übrig gebliebenen Zweige bist du, der Zweig eines wilden Ölbaums, eingepfropft worden und wirst jetzt wie sie vom Saft aus der Wurzel des edlen Ölbaums genährt. Dieses zweite Bild vom Ölbaum und seinen Zweigen malt Paulus nun weiter aus. Er stellt fest: Aus der Wurzel wurden Zweige herausgebrochen, nun gehören sie nicht mehr zum Ölbaum. Doch nur ein Teil der Zweige ist entfernt, andere bleiben in der Wurzel. Aus dieser Feststellung ergeben sich mehrere Fragen:

1. Frage: Wer ist der Handelnde, der ausreißt und einpfropft? Antwort: Gott! Im ganzen Abschnitt formuliert Paulus das Geschehen um die Zweige bewusst im Passiv. Gott ist der Handelnde, die Zweige müssen sein Handeln über sich ergehen lassen. Sie sind ganz passiv.

2. Frage: Warum handelt Gott so, dass er manche Zweige ausreißt und andere einpfropft? Antwort: Er reißt aus, um Platz für die anderen Zweige zu schaffen. Zweige eines wilden Ölbaums will er einpfropfen. In V. 11b gab Paulus schon die Antwort auf diese Frage: „Sie [das Volk der Juden] haben zwar einen falschen Schritt getan, aber das hat den anderen Völkern Rettung gebracht, und dadurch wiederum sollen sie selbst eifersüchtig werden." Gott bricht Zweige aus, macht damit aber nicht ihre Erwählung rückgängig. Doch er verfolgt damit ein großes Ziel: Nach Jahrhunderten der Konzentration auf Israel setzt er nun auch Christen aus anderen Völkern neben sein ursprünglich auserwähltes Volk. Damit will er die ausgerissenen Zweige, Israel, zur Eifersucht reizen, dass es wieder neu zu seinem Gott findet. Beide profitieren davon: Israel und die Völker.

Damit ist schon die Antwort auf die 3. Frage gegeben: Wer ist dieser wilde Ölbaum, und wer ist der edle Ölbaum? In V. 24 redet Paulus im Gegenüber zum „wilden Ölbaum" vom „edlen Ölbaum". Mit dem „edlen Ölbaum" oder **den übrig gebliebenen Zweigen** meint Paulus das israelitische Volk der Juden – doch wichtig: nicht alle, sondern nur den heiligen Rest (11,5-7), der in der Wurzel bleibt. Sie hat Gott erwählt, dass sie in Jesus ihren Messias erkennen und an ihn glauben. Diese messianischen Juden dürfen darum im Ölbaum verbleiben. Die anderen, die nicht an Jesus glauben, sind von Gott verstockt. Sie entfernt er.

Mit **den Zweigen des wilden Ölbaums** beschreibt Paulus die Christen aus den verschiedenen Völkern der Erde. Ihnen ist Gott begegnet, sie glauben an Jesus Christus. Israel hat ihnen voraus, dass Gott sie als einziges Volk auserwählt hat. Dies aber allein aus Gnade. Vgl. 5 Mo 7,6-8a (L): „Denn du bist ein heiliges Volk dem HERRN, deinem Gott. Dich hat der HERR, dein Gott, erwählt zum Volk des Eigentums aus allen Völkern, die auf Erden sind. Nicht hat euch der HERR angenommen und euch erwählt, weil ihr größer wäret als alle Völker – denn du bist das kleinste unter allen Völkern –, sondern weil er euch geliebt hat." Gottes Erwählen geschah ganz von seiner Seite aus und hatte keinen Anknüpfungspunkt bei ihnen. „Sonst wäre ja Gnade keine Gnade mehr" (11,6). Glaube ist Geschenk. Der Beschenkte ist ganz passiv. Dies haben Christen und Juden gemeinsam – sie sind von Gott aus Gnade Beschenkte. Darum kann ihre angemessene Reaktion auf dieses Geschenk nur sein: Freude, Dankbarkeit gegenüber Gott, Jubel über diesen Gott. Das gilt für Juden als auch Christen – weil er mit seiner Erwählung beschenkt. So haben die Heiden Anteil an der Wurzel und ihrem Saft.

Nun können wir auch Frage 4 beantworten: Wofür steht der Ölbaum insgesamt? Es ist die Heilsgemeinde Gottes. Sie ist zusammengesetzt aus Juden und Christen, die beide an Jesus glauben. Die edlen Zweige in Gottes Gemeinde stellen messianische Juden dar, die wilden Zweige sind Christen aus anderen Völkern.

Weiter ergänzt Paulus das Bild vom Ölbaum durch eine dritte Größe: die **Wurzel**. Frage 5: Wer oder was ist die Wurzel, die den ganzen Ölbaum mit seinen zweierlei Arten von Zweigen ernährt? Antwort: Es ist Gottes große Verheißung an Abraham (1Mo 12,3b, **L**): „In dir sollen gesegnet werden alle Geschlechter auf Erden." In Gal 3,14 zeigt Paulus, wie Gott diese Verheißung an Abraham erfüllt hat: „Durch Jesus Christus bekommen jetzt also Menschen aus allen Völkern Anteil an dem Segen, den Gott Abraham zugesagt hatte; aufgrund des Glaubens erhalten wir den Geist, den Gott versprochen hat." Der Glaube an Jesus vereint Juden und Christen zur Gemeinde Jesu, zu dem einen Volk Gottes. Nun lässt die Wurzel ihren Lebenssaft fließen sowohl zu Juden als auch zu Christen aus allen Völkern. Ihr Staunen, von Gott so voraussetzungslos beschenkt zu sein, bringt die Zweige dazu, nun bedingungslos für ihn leben zu wollen. Und weil auch Christen Anteil haben an allen Segnungen Abrahams, die Gott zuvor nur für sein Volk Israel gedacht hatte, zählen nun auch sie zu Abrahams Kindern (vgl. Gal 3,29): „Wenn ihr aber zu Christus gehört, seid ihr auch Nachkommen Abrahams." Dass Gott sein Versprechen an Abraham in Jesus erfüllt, zeigt seine Liebe zu allen Menschen. Vgl. Joh 3,16: „Denn Gott hat der Welt seine Liebe dadurch gezeigt, dass er seinen einzigen Sohn für sie hergab, damit jeder, der an ihn glaubt, das ewige Leben hat und nicht verloren geht."

11,18: Doch das ist kein Grund, verächtlich auf die anderen Zweige herabzusehen. Wenn du meinst, du hättest das Recht dazu, dann lass dir gesagt sein: Nicht du trägst die Wurzel, sondern die Wurzel trägt dich. Weil wir Christen voraussetzungslos beschenkt sind, ermahnt Paulus uns: Ihr habt kein Recht, euch über die ausgebrochenen Zweige zu erheben. Dass Gott euch beschenkt, ist unverdient. **Verächtlich** zu sein hieße: „Ich habe es verdient, Du nicht!" Dem aber ist nicht so. Gott beschenkt allein aus der Motivation unbegründeter Liebe. Sie entzündet sich nicht am Gegenüber, sondern an seinem freien Willen. Denn er allein hat einen freien Willen (so 9,11), der Mensch hingegen hat einen unfreien Willen, d.h. einen Willen, der an Sünde, Tod und Teufel gebunden ist. Darum ist das Wollen des Menschen seit Adam und Eva und ihrem Fehlverhalten so von der Trennung von Gott geprägt, dass keiner von sich aus Gott als Gott anerkennen kann. Vielmehr erhebt sich der Mensch selbst zum Gott. Erst wenn Gott aktiv wird, erst wenn er durch seinen Heiligen Geist das Herz eines Menschen berührt und es zu sich wendet, ist der Mensch in die Lage versetzt, Gott als seinen Herrscher anzuerkennen. Davor regiert die Sünde, nach Gottes Eingreifen regiert Gott.

Ein bildhafter Vergleich von Martin Luther: „Der Mensch ist ein Reittier, er wird geritten." D. h.: Ob Gott obenauf sitzt oder der Teufel, bestimmt nicht der Mensch, sondern darum kämpfen die beiden. Der Mensch ist in Bezug auf den Glauben ganz passiv. Wenn Gott obenauf sitzt, folgt der Mensch ihm nach – und das fröhlich und gern. Dann wird er auch nicht mehr auf die Idee kommen, den loswerden zu wollen, der ihn jetzt reitet. Denn er erlebt den Unterschied zwischen seinem vorherigen Herrn und dem jetzigen. Große Dankbarkeit wird ihn erfüllen; doch nie und nimmer Stolz auf sich. Denn er kann am wenigsten dazu, dass er glaubt. Er war ja völlig passiv, als Gott ihn für sich gewonnen und ihn erlöst hat. Oder mit Paulus' Worten aus Eph 2,5: „Doch Gottes Erbarmen ist unbegreiflich groß! *Wir* waren aufgrund unserer Verfehlungen tot, aber *er* hat uns so sehr geliebt, dass er uns zusammen mit Christus lebendig gemacht hat. Ja, es ist nichts als Gnade, dass ihr gerettet seid!" Und Eph 2,8f: „Ihr verdankt eure Rettung also nicht euch selbst; nein, sie ist Gottes Geschenk. Sie gründet sich nicht auf menschliche Leistungen, sodass niemand vor Gott mit irgendetwas großtun kann." Lob gebührt allein Gott. Vollkommen falsch wäre es, sich in Selbstüberschätzung über andere zu erheben. Dazu gibt es keinen Grund und hat keiner ein Recht.

11,19-21: „Aber", entgegnest du vielleicht, „damit ich eingepfropft werden konnte, sind andere Zweige ausgebrochen worden!" Einverstanden. Aber dass sie ausgebrochen wurden, lag an ihrem Unglauben, und dass du da stehst, wo du stehst, liegt an deinem Glauben. Darum sei nicht überheblich, sondern sei dir bewusst, in welcher Gefahr du dich befindest. Denn wenn Gott die natürlichen Zweige nicht verschont hat, warum sollte er dann dich verschonen? Haben die neu eingepfropften Zweige einen Vorrang vor den ausgebrochenen? Nein. Denn warum hat Gott die ursprünglichen Zweige ausgebrochen? Weil diese, anstatt in Jesus ihren Messias zu sehen, im **Unglauben** blieben. Gott hat sie verstockt. Das gepredigte Wort hat er in ihnen nicht zum Glauben wirken lassen. Die neu eingepfropften Zweige aber haben **Glauben** an Jesus. Gott rief sie durch das gepredigte Wort zu sich.

Wenn es nun schon den ursprünglich zum Ölbaum gehörenden Zweigen so erging, dass Gott sie ausgebrochen hat, dann besteht diese **Gefahr** auch für die, die neu hineingepfropft wurden. Gott kann Glauben geben und auch wieder nehmen. Doch wollen will er das nicht. Es ist eine „unmögliche Möglichkeit" (Karl Barth), dass Gott dies tun könnte. Denn er ist treu und steht zu seiner Erwählung. Wird aber aus einer dankbaren Heilsgewissheit eine überhebliche Heilssicherheit, steht es Gott frei, zu tun, wie er es will. Die Erkenntnis, den Glauben unverdient aus Gnade geschenkt bekommen zu haben, will demütig machen und zur dankbaren Gottesfurcht führen. Selbstsicherheit, Stolz und Hochmut wären völlig fehl am Platz. Sowohl das Zum-Glauben-Kommen als auch das Im-Glauben-Leben ist und bleibt gekennzeichnet von der Abhängigkeit von Gott, seiner Liebe, seiner Gnade und seiner Vergebung.

11,22: Du hast hier also beides vor Augen, Gottes Güte und Gottes Strenge: seine Strenge denen gegenüber, die sich von ihm abgewendet haben, und seine Güte dir gegenüber – vorausgesetzt, du hörst nicht auf, dich auf seine Güte zu verlassen; sonst wirst auch du abgehauen werden. Im Bild des Ölbaums sind **Güte und Strenge** vereint. Beides gehört zu Gott und zu seinem Wesen. Gottes Güte, Gnade und Barmherzigkeit sind uns willkommen und angenehm. Seine Strenge, sein Verstocken, seinen Zorn verstehen wir meist nicht.

Zielpunkt der Argumentation sind für Paulus zwei zusammenfassende Gedanken: Lerne 1. aus Gottes Gericht über die abgehauenen Zweige und lass dich warnen vor Selbstgerechtigkeit! Lerne 2. aus Gottes Gnade an Dir und lass dich anreizen zur Demut! Denn Gott wünscht sich eine Beziehung, die von Liebe und Gegenliebe geprägt ist. Solch eine gesunde Gottesbeziehung lebt aus dem Wissen: „Gott, ich habe deine Liebe nicht verdient. Du liebst mich, obwohl ich so bin wie ich bin. Du beschenkst mich, obwohl ich es nicht verdient habe. Darüber staune ich, darum freue ich mich, dafür lobe ich Dich, deswegen lebe ich für Dich."

Paulus schlussfolgert weiter: Wie Gott die eingepfropften Gläubigen wieder ausreißen kann, so kann er auch die Ausgerissenen wieder gläubig werden lassen und erneut einpfropfen. Darum schreibt Paulus weiter:

11,23: Die ausgebrochenen Zweige dagegen werden wieder eingepfropft werden, sofern sie nicht an ihrem Unglauben festhalten. Denn es steht sehr wohl in Gottes Macht, sie wieder einzupfropfen. Für die ausgebrochenen Zweige besteht Hoffnung. Denn Gott hat Macht, sie wieder in den Ölbaum einzupfropfen. Dies kann sich schon jetzt erfüllen, indem Gott Juden durch die Verkündigung zum Glauben an Jesus führt. In 11,25f verrät Paulus ein Geheimnis, das Gott ihm offenbart hat: „Ganz Israel wird wieder gerettet werden." Wie ist das zu verstehen? Es gibt im Wesentlichen drei Auslegungen, wie „ganz Israel" verstanden werden kann:

1. Die eine betont, dass das Kollektiv aller Juden aus allen Zeiten aufgrund seiner Erwählung das Heil hat. Nichtjuden müssten durch Mission zum Glauben an Jesus finden, Juden jedoch nicht. Sie werden an Jesus vorbeigerettet. Ihr Jude-Sein reiche aus.

2. Auch die andere Auslegungsvariante betont einen Sonderweg für die Juden, sagt aber, dass sie nicht an Jesus vorbei zum Heil finden, sondern dann, wenn er wiederkommt. Sobald sie den wiederkommenden Jesus sehen, gehen ihnen die Augen auf und sie erkennen in Jesus ihren lang ersehnten Messias. Damit stünde fest: Auch für das Heil der Juden spielt Jesus die zentrale Rolle. Auch sie kommen zu ihrem Gott nur durch Jesus, und nicht an ihm vorbei. Am Ende wären ausnahmslos alle Juden vollzählig Christus-Gläubige und damit Gerettete. Dies wäre quasi eine „innerjüdische Allerlösung".

3. Eine weitere Auslegung kommt ohne einen Sonderweg für die Juden aus, indem sie in „ganz Israel" das an Jesus glaubende Heilsvolk Gottes sieht, das aus Judenchristen wie Heidenchristen besteht. Schon in Röm 2,28f konnte Paulus betonen, dass sowohl Juden- wie Heidenchristen die „wahren Juden" sind; ebenso in Gal 6,16, wo er Nichtjuden als „das Israel Gottes" bezeichnet (vgl. auch 1Kor 10,18). Demnach wäre mit Jesus die Unterscheidung zwischen Israel als Gottesvolk und den Heiden als gottferne Völker aufgehoben. Folglich gäbe es auch Juden, die am Ende nicht gerettet würden, denn nicht die biologische Abstammung zählt für das Heil, sondern allein der Glaube an Jesus. Heidenchristen und Judenchristen bilden demnach zusammen „ganz Israel". Dies hätte seine Entsprechung zum AT, in dem neben dem Kollektiv immer auch das Individuum mit seiner Haltung gegenüber Gott relevant war. So kam es z. B. bei der Wüstenwanderung, als die eherne Schlange aufgerichtet wurde, auf das glaubende Emporschauen des Einzelnen an, damit er gerettet wurde (vgl. 4Mo 21,8f). Auch die Propheten riefen immer wieder ganz Israel zur Umkehr, doch gehorsam waren immer Einzelne, nie alle. Das Heil zeigt sich im Glauben an Jesus und im Gehorsam gegenüber Gottes Geboten.

Paulus' Aussage **sofern sie nicht an ihrem Unglauben festhalten** spricht für die dritte Auslegungsvariante. Demnach ist die Antwort auf die Frage „*Wie* wird ganz Israel gerettet?": durch die Missionstätigkeit von Christen. Und die Antwort auf die Frage „*Wann* wird ganz Israel gerettet?": in unserer Zeit, solange, bis Jesus wiederkommt.

11,24: Wenn nämlich du aus dem wilden Ölbaum herausgeschnitten wurdest, zu dem du von Natur aus gehörtest, und auf den edlen Ölbaum aufgepfropft worden bist, mit dem du doch von Natur aus nichts gemeinsam hast, wie viel leichter wird es dann sein, die Zweige, die von Natur aus zum edlen Ölbaum gehören, wieder auf ihren eigenen Baum aufzupfropfen! Paulus spricht die Leser hier mit **du** an. Gemeint sind alle Christen aus den anderen Völkern. Dieses Gleichnis zielt darum weniger auf den einzelnen Christen, sondern auf die Gesamtheit der Christengemeinde.

Paulus wendet ein rhetorisches Stilmittel an: Er schließt vom Schweren auf das Leichte. Wenn für Gott schon das Einpfropfen fremder Zweige ein Leichtes war, sollte ihm dann das Wiedereinpfropfen von natürlichen Zweigen schwerfallen? Nein, auch dies ist ihm ein Leichtes. Den natürlichen Zweigen gelten all die Verheißungen der Patriarchen; sie sind die eigentlichen Erben. Durch seinen Bund mit diesem Volk ist Gott ihnen besonders verbunden. Ihnen erweist er besondere Treue.

Zusammenfassung: Ihr seid ein Ölzweig, ihr seid Auserwählte aufgrund von Gottes freier Gnadenwahl. Darum macht Dankbarkeit die Beziehung zu Gott aus. Die Grundhaltung der Gemeinde ist die Freude über ihren Gott, dass er ihnen den Glauben an Jesus Christus schenkt, und sie darum zu ihm gehören dürfen.

2 Ihr seid die Reben

Johannes 15,1-8

EINSTIEG

(15–20 Minuten)
Wählen Sie bitte eine oder zwei Fragen aus.

1. Vielleicht sind Sie schon mal in einem Weinberg spazieren gegangen und konnten einem Weingärtner bei der Arbeit zusehen. Überlegen Sie: Was muss ein Winzer im Lauf des Jahres alles tun, damit er im Herbst eine gute Lese einbringen kann?

2. Beim Wort „Abhängigkeit" kann man unterschiedliche Assoziationen haben. Wann ist für Sie Abhängigkeit etwas Positives, wann etwas Negatives?

3. Liebe kann ganz unterschiedlich ausgedrückt werden. Erzählen Sie einander, wie Sie in letzter Zeit etwas Liebes erfahren haben! Wie sah Liebe konkret aus?

BIBELTEXT

Wenn der Lebenssaft fließt …

1 „Ich bin der wahre Weinstock, und mein Vater ist der Weinbauer. 2 Jede
Rebe an mir, die nicht Frucht trägt, schneidet er ab; eine Rebe aber, die
Frucht trägt, schneidet er zurück; so reinigt er sie, damit sie noch mehr
Frucht hervorbringt. 3 Ihr seid schon rein; ihr seid es aufgrund des Wortes,
das ich euch verkündet habe. 4 Bleibt in mir, und ich werde in euch bleiben.
Eine Rebe kann nicht aus sich selbst heraus Frucht hervorbringen; sie muss
am Weinstock bleiben. Genauso wenig könnt ihr Frucht hervorbringen,
wenn ihr nicht in mir bleibt.
5 Ich bin der Weinstock, und ihr seid die Reben. Wenn jemand in mir bleibt
und ich in ihm bleibe, trägt er reiche Frucht; ohne mich könnt ihr nichts tun.
6 Wenn jemand nicht in mir bleibt, geht es ihm wie der unfruchtbaren Rebe:
Er wird weggeworfen und verdorrt. Die verdorrten Reben werden zusammengelesen und ins Feuer geworfen, wo sie verbrennen. 7 Wenn ihr in mir bleibt
und meine Worte in euch bleiben, könnt ihr bitten, um was ihr wollt: Eure
Bitte wird erfüllt werden. 8 Dadurch, dass ihr reiche Frucht tragt und euch
als meine Jünger erweist, wird die Herrlichkeit meines Vaters offenbart."

BIBELGESPRÄCH

(30–40 Minuten)
Wählen Sie ggf. unter den Fragen aus.

1. Weinstock, Weinrebe, Weintrauben, Weingärtner – was versinnbildlichen sie?

2. Wie wirkt Jesu Exklusivitätsanspruch auf Sie, dass er allein Leben spendet? Wer erhebt außer ihm Anspruch darauf? Wie begegnen Sie diesem?

3. Die wesentliche Aufgabe des Winzers ist in diesem Text das Schneiden der Reben. Wie wirkt dieses Bild – Gott mit Schere in der Hand – auf Sie? Was hilft, dass dieses Bild aus Gott kein Monster macht?

4. Gott schneidet an seinen Reben – an uns. Mit welchem Ziel tut er das?

5. Anhand eines römischen Brunnens kann man das Prinzip des Christseins gut erkennen: empfangen, um weiterzugeben. Suchen Sie z. B. im Internet ein Bild von einem römischen Brunnen und vollziehen Sie dieses Prinzip gemeinsam nach!

6. Vergegenwärtigen Sie sich, wie Jesus „Agape“ (s. Erläuterung unter „Zusammenhang des Textes“) gelebt hat! Benennen Sie einzelne Dinge! Was leiten Sie daraus ab, wie Sie mit anderen umgehen sollten? Überlegen Sie konkrete Beispiele, wie Sie in Ihrem Alltag „Agape“ leben können!

7. Wir sind aufgefordert, „in Jesus zu bleiben“. Was tun Sie, um zu bleiben? Was könnte verhindern, dass Sie bleiben?

8. Jesus hat für die einen ein Gerichtswort, für die anderen hat er ein Verheißungswort. Wem gilt welches? Was beinhaltet sein Gericht und was seine Verheißung?

9. Worin besteht der Zusammenhang von Liebe weitergeben und den Vater verherrlichen?

AUSTAUSCH

(15–30 Minuten)

1. Wie intensiv ist Ihre Beziehung zu Jesus im Moment? Was können Sie tun, damit Sie seine Liebe zu Ihnen wieder mehr spüren und sie wieder bewusster wahrnehmen?

2. Was nehmen Sie sich vor, wie Sie anderen mit Jesu Liebe begegnen wollen? Jesus hat nicht nach Sympathie oder Antipathie gehandelt. Überlegen Sie: Wem zeige ich wie Liebe?

Zusammenhang des Textes: Mit Johannes 15 befinden wir uns mit Jesus und seinen Jüngern am Abend vor seiner Hinrichtung. Er hält eine lange Abschiedsrede (Kap. 13,31–17,26), die aus vier Einzelreden besteht (13,31–14,31; 15,1–16,15; 16,16-33; 17,1-26). Die angesprochenen Jünger stehen für die nachösterliche christliche Gemeinde. Jesu Rede ist durchwoben von zwei Themenkomplexen, die zusammenhängen. Zum einen sein Gebot: „Liebt einander, wie ich euch geliebt habe!" (13,34 und 15,12.17). Die erlebte Liebe Jesu ist für die Jünger der Maßstab, wie sie einander begegnen sollen. Dabei verwendet Jesus für Liebe bewusst das griechische Wort „Agape". Diese meint die aufopfernde, sich hingebende Liebe für den anderen. Sie gipfelt in der Selbstaufgabe, wie Jesus es vorgelebt hat (vgl. 15,13: „Niemand liebt seine Freunde mehr als der, der sein Leben für sie hergibt"). Wer so lebt, wird Folgen sehen. Doch aus sich heraus kann keiner diese an Jesus orientierte Liebe weitergeben. Darum der zweite Themenkreis der Rede Jesu: die Verheißung seines Heiligen Geistes (sog. „Parakletsprüche" in 14,16f; 14,26; 15,26f; 16,7b-11; 16,13-15). Ihn kündigt Jesus für die Zeit an, wenn er nicht mehr körperlich bei seinen Jüngern bzw. seiner Gemeinde sein wird. Der Heilige Geist wird sie an Jesus und seine Art zu lieben erinnern. Er beschenkt sie auch mit dem, was sie brauchen, um zu lieben, wie Jesus geliebt hat. Mit seiner Weinstockrede will Jesus zeigen, wer er ist, und wie Gemeinde gelebt werden kann.

15,1: „Ich bin der wahre Weinstock, und mein Vater ist der Weinbauer. Jesus vergleicht: **„Ich bin der Weinstock."** Damit verkörpert er das, was vorausgesetzt wird, dass Wachstum möglich ist. Denn als Stamm dieser Pflanze ist seine wesentliche Funktion, den lebensverheißenden Saft zu den Ästen zu leiten. Jesus steht damit für fruchtbare Lebendigkeit. Der Zusatz, der **wahre Weinstock** zu sein, zeigt eine Exklusivität. Auch andere erheben scheinbar Anspruch, Leben spenden zu können. Dies weist Jesus entschieden zurück.

Wenn Jesus sich ausgerechnet mit dieser Kulturpflanze vergleicht, kann er bei seinen Zuhörern zwei Dinge voraussetzen: Zum einen, dass sie sich an alttestamentliche Texte erinnern, in denen das Volk Israel kollektiv (als Ganzes) als Weinstock angesprochen wird (z. B. Hos 10,1; Jer 2,21; Hes 15; 19,10-14; Ps 80,9-12.15f). Gott hat sein Volk als Weinstock gepflanzt, oftmals aber hat es die Frucht verweigert. Hier aber individualisiert Jesus das Bild auf sich als Einzelperson. Er verweigert niemals die Fruchtbarkeit. Doch ob die Reben Frucht bringen, hängt nicht allein an ihm.

Zum anderen haben die Hörer aus ihrem Alltag vor Augen, wie anspruchsvoll die Pflege gerade dieser Pflanze ist. Ohne Kultivierung treibt sie wilde Äste, an denen kaum etwas wächst. Der Ertrag wird kümmerlich sein. Darum führt Jesus sofort den ein, der für die Pflege verantwortlich ist: den **Weinbauern**. Gott, den Jesus vertraut mit **Vater** anredet, ist dieser Winzer, der sein Möglichstes tut, damit optimales Wachstum gelingt. Weil er an einem möglichst hohen Ertrag interessiert ist, investiert er sich leidenschaftlich und kümmert sich hingebungsvoll. Seine vielfältigen Aufgaben reichen von Umgraben und Düngen über Jäten bis hin zum Auslichten u.v.m.

15,2: Jede Rebe an mir, die nicht Frucht trägt, schneidet er ab; eine Rebe aber, die Frucht trägt, schneidet er zurück; so reinigt er sie, damit sie noch mehr Frucht hervorbringt. Aus dem Weinstock wachsen die **Reben**, sie sind sozusagen die Äste. An ihnen wachsen wiederum die Weintrauben in Dolden. Man kann sich den Weingärtner vorstellen, wie er aktiv ist, weil er einen möglichst hohen Ertrag an Trauben möchte. Dazu nimmt er auch die Schere zur Hand. Er sichtet die Reben kritisch. Wohlgemerkt nicht den Weinstock, sondern die Reben, was ihnen eine gewisse Selbstständigkeit gegenüber dem Weinstock zukommen lässt. Schon hier bricht das natürliche Bild. Zwei Möglichkeiten ergeben sich für den Winzer, wie er **schneidet** – denn schneiden wird er die Reben in jedem Fall:

- Geiztriebe, d. h. Reben, die **nicht Frucht tragen, schneidet der Winzer ab.** Sie dienen seinem Ziel nicht, sondern rauben den anderen Reben den lebensspendenden Saft.

- Reben aber, die **Frucht hervorbringen, schneidet** Gott nicht ab, sondern **zurück.** Dieses reinigende Beschneiden intensiviert das Beerenwachstum. Denn beschnittene Reben leiten den Saft vom Weinstock gezielter zu den Trauben, die dadurch eine größere Süße bekommen. Würde der Winzer sie nicht zurückschneiden, würden all die vielen Dolden nur ein kümmerliches Beerenwachstum aufweisen.

Soweit die Bildebene. Was will Jesus mit diesem Tun des Winzers sagen? Wir Christen sind die Weinreben. Ein Zurückschneiden geschieht im Sinne von reinigen, veredeln. Damit hat Gott Gutes im Sinn. Denn er schneidet nur Dinge an mir ab, die seinem Ziel entgegenstehen, u. a. liebloses Verhalten wie Tratschen, Lästern, Eifersucht, Selbstsucht, Neid, Gehässigkeiten ..., mit denen ich kein gutes Zeugnis für ihn und seine Liebe bin.

Wir gedeihen an Jesus und durch ihn, d. h. in Abhängigkeit von ihm. Doch uns gibt es nicht um unserer selbst willen, sondern wir haben einen Auftrag: Frucht bringen. Was ist die Frucht, die wir bringen sollen – wofür stehen die Weintrauben? Eine Pflanze will sich vermehren, sie trägt in sich die Anlagen dazu. Aus ihr sollen andere Pflanzen hervorkommen: Durch uns Christen sollen weitere Christen heranreifen. Als Rebe ist mein Lebenssinn, dass durch mich andere zum Glauben an Jesus finden. Diese werden selber wieder am Weinstock namens Jesus andocken und dort wachsen, um hoffentlich selber wiederum Frucht zu bringen – hier bricht das Bild wieder.

Zwangsläufig stellt sich die Frage, was ich als Rebe tun kann, damit ich fruchtbar bin und der Weinbauer mich nicht abschneidet und wegwirft, sondern lediglich beschneidet und so zur vermehrten Fruchtbarkeit bringt. Die Antwort gibt Jesus in V. 4.

15,3: Ihr seid schon rein; ihr seid es aufgrund des Wortes, das ich euch verkündet habe. Dieser Vers erscheint wie ein Einschub. Jesus verlässt das Bild vom Weinstock, den Reben und dem Tun des Winzers. Im Gegensatz zu den umgebenden Versen, die von einem Reinigungsprozess reden (V. 2) und zum Bleiben auffordern (V. 4 ff), wird hier im Indikativ ein schon erreichter Zustand konstatiert. **Reinheit** meint Zugehörigkeit. Rein bin ich durch Jesu **Wort,** das er redet, und dem ich glaube. Vgl. 5,24: „Ich versichere euch: Wer auf mein Wort hört und dem glaubt, der mich gesandt hat, der hat das ewige Leben. Auf ihn kommt keine Verurteilung mehr zu; er hat den Schritt vom Tod ins Leben getan." Das Wort Jesu macht rein, rettet, schenkt ewiges Leben. Widerspricht dies dem Tun des Winzers aus V. 2 und der Drohung in V. 6?

15,4: Bleibt in mir, und ich werde in euch bleiben. Eine Rebe kann nicht aus sich selbst heraus Frucht hervorbringen; sie muss am Weinstock bleiben. Genauso wenig könnt ihr Frucht hervorbringen, wenn ihr nicht in mir bleibt. Nun sprengt Jesus das Bild vom Weinstock mit seinen Reben endgültig. Er fordert die Reben zu etwas auf, das ihrem Wesen entspricht und selbstverständlich ist. Wie könnten sie etwas anderes tun wollen? **Bleiben** ist ihre Natur. Anders jedoch im Christsein: Es setzt mein Ja zum Bleiben voraus. Mein Fruchtbringen ist nichts naturhaft Selbstverständliches, sondern muss gewollt werden. In Jesus zu bleiben heißt, mit ihm verbunden, an ihm angeschlossen sein zu wollen, damit von ihm nährender Lebenssaft zu mir fließt, und durch mich zu anderen. Dies schließt ein, sich mit Gottes Zielen zu identifizieren: dass andere durch mich und meine Art zu lieben die Liebe Jesu erfahren und an ihn glauben sollen. Bleibe ich in ihm, bleibt er auch in mir. Doch wie bleibe ich?

1. Schritt: Bleiben werde ich, je mehr ich weiß und schätze, wer der Weinstock für mich ist und was er für mich tut. Jesus hat immer zuerst mich im Blick. Ich darf wissen: Für mich ist er geboren, für mich hat er gelebt, für mich hat er gelitten, für mich ist er ans Kreuz gegangen, für mich ist er auferstanden. Er will, dass ich lebe und seine

Fülle erfahre. Er will, dass ich mich von ihm geliebt weiß. D.h. er hat mich mit all meinen Bedürfnissen und Sehnsüchten, mit meinem Alltag und meinen Sorgen im Blick. „Du bist geliebt!", das ist die Grundbotschaft, die ich immer wieder hören und realisieren muss.

Darum ist es eine wohlwollende Aufforderung Jesu, dass ich mich um eine gute Beziehung zu ihm kümmere. Ich selbst soll mich aktiv kümmern und mein Möglichstes tun, um ganz eng an ihm zu sein. Das kann ich, indem ich z.B. in seinem Wort lese und mich so ins Staunen führen lasse, wie sehr er mich liebt. Oder ich kann es, indem ich mir bewusst Zeiten gönne, in denen er zu mir reden darf und ich seine Liebeserklärungen höre. Ich soll durchflutet sein von ihm und seiner Liebe. Darum die Aufforderung: „Hold the line! Kümmere Dich um die Verbindung zu Jesus! Tu dein Mögliches, um enge Gemeinschaft mit Gott zu haben!"

2. Schritt: Weiß ich mich dermaßen geliebt, werde ich auch anderen diese erfahrene Liebe gönnen und wünschen: Ich erkenne, dass ich Hinweisschild auf die Quelle bin, aus der ich selber lebe. Möglichst viele sollen bei ihm dasselbe erfahren, was ich bei Jesus erlebe. Ich lebe also nicht selbstgefällig für mich, sondern investiere mich in andere, dass auch sie Jesus kennenlernen, an ihn glauben. Christsein heißt damit: geliebt werden, um zu lieben. Ich bin Durchgangsstation wie eine Rohrleitung. Und genau dadurch werde ich als Rebe **Frucht hervorbringen**. Fruchtbarkeit ereignet sich nur in Abhängigkeit.

15,5: Ich bin der Weinstock, und ihr seid die Reben. Wenn jemand in mir bleibt und ich in ihm bleibe, trägt er reiche Frucht; ohne mich könnt ihr nichts tun. Jesus unterstreicht mit seinem Ich-bin-Wort und dem Ihr-seid-Wort nochmal ganz dick das bisher Gesagte und legt definitiv Rollen fest: Er als **Weinstock** ist der Liebes- und Lebensspender. Wir als **Reben** sind die, die seine Liebe zuerst empfangen, um sie dann weiterzugeben. Erst das gegenseitige **Bleiben**, die wechselseitige Verbundenheit, garantiert Frucht. Empfangen heißt Leben, Weitergeben verspricht, Lebenssinn zu finden. **Ohne Jesus** als die ursprüngliche Liebes-Quelle gedeiht nichts – sowohl ich selbst nicht als auch andere nicht. Ohne die enge Gemeinschaft mit dem Weinstock verfehlt jede Rebe ihr Ziel. Darum liegt die Betonung auf dem Bleiben.

15,6: Wenn jemand nicht in mir bleibt, geht es ihm wie der unfruchtbaren Rebe: Er wird weggeworfen und verdorrt. Die verdorrten Reben werden zusammengelesen und ins Feuer geworfen, wo sie verbrennen. Dem Ziel, das Jesus mit seinen Reben hat, stellen sich nicht alle Reben zur Verfügung. Manche wollen **nicht in Jesus bleiben** und werden dadurch **unfruchtbar**. Sie sind für den Weinbauern wertlos und werden von ihm entfernt. Sie gehören nicht länger zu ihm und nicht zur Gemeinde. Die Frage ist: Wie kann eine Rebe sich von ihrem Weinstock loslösen wollen, der sie doch versorgt? Der Weinstock ist doch ihr Garant für Leben!

Eine Möglichkeit ist: Wenn die Rebe sich nicht mehr geliebt weiß. Wenn sie so leidvolle Erfahrungen macht, dass sie statt Liebe zu fühlen nur noch Kälte spürt. Sie versteht ihren Gott nicht mehr. Zweifel verschleiern ihren Blick und bestimmen ihr Gefühl, wenn sie an Jesus denkt. Im äußersten Fall sagt sie sich dann mehr und mehr von ihm ab. Darum die sechste Vaterunser-Bitte (L): „Führe uns nicht in Versuchung…" Frei übertragen: „Lass mich nicht so viel Schlimmes erleben, dass ich in Dir nicht mehr den mich liebenden Vater sehe!" Gottes Zusage steht fest (1 Kor 10,13): „Und Gott ist treu; er wird euch auch in Zukunft in keine Prüfung geraten lassen, die eure Kraft übersteigt." Doch aufseiten des Menschen kann das Gefühl der Verlassenheit umschlagen in die Gewissheit: „Gott hat mich verlassen!" So löst sich die Rebe innerlich mehr und mehr von ihrem Weinstock. Dann ist auch ein Vorleben und Vermitteln der Liebe Jesu aussichtslos. Die Rebe wird unfruchtbar und auf Dauer löst sich Jesus von ihr. Denn bleibe ich nicht in ihm, bleibt er auch nicht in mir.

Eine andere Möglichkeit: Die Rebe versteht sich nicht mehr als Durchgangsstation oder Hinweisschild, sondern wird selbstgefällig. Sie stellt sich selber als Quelle dar und bindet andere mehr an sich, anstatt an Jesus. Selber angebetet zu werden, hat seit jeher eine starke Verführung. Dann ist nicht der Dank an Jesus für die erfahrene Liebe die Motivation zur Nächstenliebe, sondern der Egoismus. So entsteht keine Frucht, an der sich der Winzer erfreut.

Wer von Jesus abkommt, verdorrt. Er wird zur unfruchtbaren Rebe. Ihr droht Jesus mit der Gerichtsaussage: Weil solche Reben für den Weingärtner nutzlos sind, wird er sie abschneiden, einsammeln und **ins Feuer werfen**. Ein Bild für die endgültige Trennung von ihm. Gott vollzieht dann äußerlich nach, was die Rebe innerlich bereits getan hat: Unabhängigkeit von Jesu Lebenssaft. Mit dieser Drohung will Jesus warnen und zum Überdenken der Beziehung zu ihm anreizen.

15,7: Wenn ihr in mir bleibt und meine Worte in euch bleiben, könnt ihr bitten, um was ihr wollt: Eure Bitte wird erfüllt werden. Der Warnung stellt Jesus eine Verheißung gegenüber. Die Reben, die ihre Funktion bewusst bejahen, werden seine Kraft erleben. Er bleibt in diesen Reben durch seine **Worte**. Sie verkörpern ihn. In erster Linie werden hier Jesu Liebeserklärungen an mich gemeint sein, es kann aber auch an die ganze Bibel gedacht werden. Wenn sie von mir gelesen wird und ich durch sie Jesus in seiner Größe, Güte, Liebe, Macht,... erkenne, wird meine Beziehung zu ihm stark. Zu diesem Gott zu gehören, ruft in mir als Reaktion den Wunsch hervor, für immer und noch viel mehr mit ihm in Verbindung zu sein. Er ist mein Lebenselixier.

Wer so denkt, für den hält Jesus eine große Verheißung bereit. Er verspricht: „Komm mit allem, was deinen Alltag im Guten wie im Schweren ausmacht, zu mir! Ich werde deine **Bitte erfüllen!**" Unsere Sicht auf ihn soll davon geprägt sein, dass ich ihm alles zutraue. Jede Bitte wird er hören und erhören – doch immer auf seine Weise. Denn er gibt nicht immer, was ich mir wünsche, sondern immer das, was zu meinem Besten dient. Das erfordert Vertrauen! Und das verändert mein Bitten. Ich soll beten: „Herr, Du hast den größeren Überblick als ich. Dir überlasse ich es zu entscheiden, was Dir und mir dient. Nicht mein Wille, sondern Dein Wille geschehe!" Diese Abhängigkeit von ihm – die Abhängigkeit von seinem Überblick, wie er meine Bitte erfüllt, von seiner Kraft – ist Glauben. Auch wird mein Bitten wesentlich von dem Wunsch bestimmt sein, für Gott dienlich zu sein.

15,8: Dadurch, dass ihr reiche Frucht tragt und euch als meine Jünger erweist, wird die Herrlichkeit meines Vaters offenbart. Frucht tragen und **Jünger** sein wird identifiziert. Es gilt: Wer Jünger ist, bringt Frucht – und wer Frucht bringt, ist Jünger. **Reiche Frucht** zeichnet einen Jünger aus. Dass andere zum Glauben an Jesus finden, darüber freut sich der Vater. Aber auch, wenn ich schwierige Alltagsumstände im Vertrauen auf Jesus bewältige und durchhalte. Oder wenn ich anderen Versöhnung anbiete usw. Ein Jünger, der sich an Jesu Liebe orientiert und ihn imitiert, wirft ein positives Licht auf den **Vater**. Denn dann ist all seine Mühe, die er als Weinbauer in seine Rebe investiert hat, zum Ziel gekommen. Ein Jünger, der bereit ist zu dienen, wie Jesus gedient hat, ist der beste Beweis, was für einen liebenden Vater er hat. Die **Herrlichkeit** des Vaters offenbart sich darin, dass ich empfange und das Empfangene weitergebe.

Zusammenfassung: Ihr seid die Reben und damit Abhängige von Gottes Liebe. Verbunden mit Jesus erlebe ich seine mich bejahende Liebe, die mich erfüllt und beglückt. Sie befähigt mich, von mir abzusehen und anderen mit derselben Liebe zu begegnen, wie ich sie von Jesus erfahren habe. In der Gemeinde Jesu ist jeder ein Beschenkter und jeder ein Weitergebender. In dieser Abhängigkeit erleben wir, wie wir fruchtbringend sind.

Ihr seid Gottes Ackerfeld

Markus 4,1-20

EINSTIEG

(15–20 Minuten)
Wählen Sie bitte eine oder zwei Fragen aus.

1. Wann haben Sie zuletzt etwas ausgesät oder gepflanzt? Was war es? Wie fiel die Ernte aus? Wenn Sie sich als (Hobby-)Gärtner betätigen, wie geht es Ihnen dabei?

2. In der Landwirtschaft gab es in den letzten Jahrhunderten viele Veränderungen. Machen Sie sich durch Beispiele klar, wie ein Bauer vor zweihundert Jahren Landwirtschaft betrieben hat und wie seine Arbeit heute aussieht!

3. Welche Wachstumsbedingungen braucht ein Boden, damit er guten Ertrag bringt und es üppig auf ihm wächst?

BIBELTEXT

Die Saat geht auf

1 Als Jesus wieder einmal am See lehrte, versammelte sich eine so große Menschenmenge um ihn, dass er sich in ein Boot setzte; so konnte er vom See aus zu der ganzen Menge sprechen, die sich am Ufer befand. 2 Jesus lehrte sie vieles, und er gebrauchte dazu Gleichnisse.

Unter anderem sagte er: 3 „Hört zu! Ein Bauer ging aufs Feld, um zu säen. 4 Beim Ausstreuen der Saat fiel einiges auf den Weg. Da kamen die Vögel und pickten es auf. 5 Einiges fiel auf felsigen Boden, der nur von einer dünnen Erdschicht bedeckt war. Weil die Saat dort so wenig Erde hatte, ging sie rasch auf. 6 Als dann aber die Sonne höher stieg, wurden die jungen Pflanzen versengt, und weil sie keine kräftigen Wurzeln hatten, verdorrten sie. 7 Einiges fiel ins Dorngestrüpp, und die Dornensträucher überwucherten und erstickten die Saat, sodass sie keine Frucht brachte. 8 Und einiges fiel auf guten Boden, ging auf, wuchs und brachte Frucht, dreißigfach oder sechzigfach oder sogar hundertfach."

9 Jesus schloss mit den Worten: „Wer Ohren hat und hören kann, der höre!"

10 Als die Zwölf und die anderen, die zum Jüngerkreis gehörten, mit Jesus allein waren, fragten sie ihn nach der Bedeutung seiner Gleichnisse. 11 Da sagte er zu ihnen: „Euch ist es von Gott gegeben, das Geheimnis seines Reiches zu verstehen, den Außenstehenden aber wird alles nur in Gleichnissen verkündet. 12 Denn ‚mögen sie auch sehen, sie sollen nichts erkennen, und mögen sie auch hören, sie sollen nichts verstehen, damit sie nicht etwa umkehren und ihnen vergeben wird'."

13 Dann fuhr er fort: „Dieses Gleichnis versteht ihr nicht? Wie wollt ihr
dann überhaupt Gleichnisse verstehen?
14 Der Bauer sät das Wort. 15 Bei einigen Menschen ist es wie mit der Saat,
die auf den Weg fällt. Das Wort wird gesät, doch sobald sie es gehört haben,
kommt der Satan und nimmt das Wort wieder weg, das in sie hineingesät worden ist. 16 Bei anderen ist es wie mit der Saat, die auf felsigen Boden fällt.
Wenn sie das Wort hören, nehmen sie es sofort mit Freuden auf, 17 aber sie
sind unbeständige Menschen, Pflanzen ohne Wurzeln. Sobald sie wegen des
Wortes in Bedrängnis geraten oder sogar verfolgt werden, wenden sie sich
wieder davon ab. 18 Wieder bei anderen ist es wie mit der Saat, die ins Dorngestrüpp fällt. Sie hören das Wort, 19 doch dann gewinnen die Sorgen dieser
Welt, die Verlockungen des Reichtums und andere Begierden Raum und ersticken das Wort, und es bleibt ohne Frucht. 20 Bei anderen schließlich ist es wie
mit der Saat, die auf guten Boden fällt. Sie hören das Wort, nehmen es auf
und bringen Frucht: dreißigfach, sechzigfach und hundertfach."

BIBELGESPRÄCH

(30–40 Minuten)
Wählen Sie ggf. unter den Fragen aus.

1. Vergegenwärtigen Sie sich, womit Jesus was in diesem Gleichnis vergleicht!

2. Die ersten der drei beschriebenen Ackerböden erscheinen ungeeignet. Worin besteht jeweils ihr Mangel?

3. Wie gehen Sie mit „Gegenwind" um? Wenn andere z. B. über Sie lachen, weil Sie an Jesus glauben oder über Sie spotten oder Sie herablassend behandeln? In anderen Ländern werden Menschen – weil sie an Jesus glauben – regelrecht verfolgt, deren Familienmitglieder werden in Gefängnisse gesteckt, manche auch getötet. Wie halten diese Christen dem Druck stand und finden im Glauben an Jesus sogar noch Trost, Kraft und Geborgenheit, anstatt ihn aufgrund des Drucks an den Nagel zu hängen?

4. Kennen Sie Zeiten, in denen Ihnen der Glaube sehr wichtig ist, dann aber anderes im Leben wichtiger wird? Was will Ihren Glauben überwuchern? Was kann Ihrem Glaubensleben Auftrieb geben?

5. Was meint Jesus mit „gutem Boden"? Wie sieht die Frucht aus, die auf ihm wächst?

6. Jesus erzählt sein Gleichnis ja nicht, um Menschen festzulegen: „Du bist dieser Boden! Du jener!" Er hat vielmehr das Ziel, Menschen zum Glauben zu bewegen, sodass sie guter Boden sind. Was kann bewirken, dass einer der drei ersten Ackerböden Verwandlung erfährt und zu einem fruchtbaren Boden wird?

AUSTAUSCH

(15–30 Minuten) Wählen Sie ggf. unter den Fragen aus. Sie können das Gespräch mit einem gemeinsamen Gebet abschließen.

1. Welcher „Sämann" (neben Gott) war für Ihren Glauben wichtig? Haben Sie ihm schon mal für seine „Säarbeit" gedankt?

2. Zu welchem der vier beschriebenen Ackerböden würden Sie sich selber aktuell zählen?

3. Welche Menschen fallen Ihnen ein, über die Sie sagen würden, dass sie im Sinn dieses Gleichnisses „guter Boden" sind? Woran machen Sie das fest?

4. Erzählen Sie einander Beispiele, wo Sie Gottes verwandelndes Wort bei sich oder bei anderen erlebt haben!

5. Was gefährdet Ihren Glauben im Moment am meisten? Wenn in Ihrer Gruppe die Offenheit besteht, beten Sie füreinander.

ERLÄUTERUNGEN

Zusammenhang des Textes: In 1 Kor 3,9 schreibt Paulus den Adressaten seines Briefes: „Ihr seid Gottes Ackerfeld." Auch Jesus benutzt dieses Bild. Er erzählt einer größeren Zuhörermenge das Gleichnis vom vierfachen Acker. Doch sie verstehen dessen Sinn nicht, seine Jünger ebenso wenig. Als er später mit ihnen im kleinen Kreis zusammen ist, erklärt er ihnen sein Gleichnis.

In den vorherigen Kapiteln ist Jesus öffentlich aufgetreten und hat mit Wundern und Lehren auf sich aufmerksam gemacht. Er hat einen Jüngerkreis um sich gesammelt, der erlebt, wie umstritten ihr Meister ist. Er erregt Anstoß, was auf offizieller Seite zu Mordabsichten führt (3,6), bei seiner Familie dazu, dass sie ihn zurückpfeifen wollen (3,21+31-35). Hierbei definiert Jesus „Familie" neu. Inwiefern jemand zur Familie Gottes gehört, entscheidet sich demnach nicht an verwandtschaftlicher Abstammung. Entscheidend ist, ob derjenige bereit ist, den Willen des Familienoberhauptes, d.h. den Willen Gottes, zu respektieren und danach zu handeln. Jesus definiert Familie auf Gott bezogen und damit neu. Weil Gott sein Vater ist, gebührt ihm Gehorsam, nicht der leiblichen Verwandtschaft.

Nun folgt mit 4,1-34 ein Abschnitt, in dem Jesus seine Lehre in vier Gleichnissen entfaltet. Gerahmt wird dieser Lehrabschnitt durch das Stichwort „Boot" (4,1 und 4,36). Im Gleichnis vom vierfachen Ackerfeld geht es indirekt auch um das Familienverhältnis, genauer, wer zur Familie Gottes dazugehört. Gott verlangt von seinen Kindern, ihm den höchsten Stellenwert einzuräumen. Für die Auslegung bietet es sich an, die Erzählung parallel mit ihrer Interpretation zu lesen.

4,1+2: Als Jesus wieder einmal am See lehrte, versammelte sich eine so große Menschenmenge um ihn, dass er sich in ein Boot setzte; so konnte er vom See aus zu der ganzen Menge sprechen, die sich am Ufer befand. Jesus lehrte sie vieles, und er gebrauchte dazu Gleichnisse.	4,10-13: Als die Zwölf und die anderen, die zum Jüngerkreis gehörten, mit Jesus allein waren, fragten sie ihn nach der Bedeutung seiner Gleichnisse. Da sagte er zu ihnen: „Euch ist es von Gott gegeben, das Geheimnis seines Reiches zu verstehen, den Außenstehenden aber wird alles nur in Gleichnissen verkündet. Denn ‚mögen sie auch sehen, sie sollen nichts erkennen, und mögen sie auch hören, sie sollen nichts verstehen, damit sie nicht etwa umkehren und ihnen vergeben wird'." Dann fuhr er fort: „Dieses Gleichnis versteht ihr nicht? Wie wollt ihr dann überhaupt Gleichnisse verstehen?"

Zuerst wird der Rahmen erzählt: Jesus und die Jünger sind mit vielen anderen Menschen am See Genezareth. Jesus ist populär. Um Abstand von der drängelnden Menge zu bekommen und auch um besser verstanden zu werden, setzt sich Jesus in ein Boot. Was er seine Zuhörer lehren möchte, kleidet er in ein Gleichnis.

Als die Vertrauten Jesu, d.h. die zwölf Jünger mit evtl. wenigen anderen Personen, unter sich sind, fragen sie nach, denn sie haben Jesus nicht verstanden. Auch sie sind in Sachen Gottesreich (noch) unverständig. Jesus offenbart ihnen, dass es von Gott her ein Drinnen und Draußen gibt. Wer zu ihm gehört, und wer dagegen außen vor bleibt, bestimmt Gott in seiner Souveränität, indem er ein inneres Verständnis für das äußerlich Gehörte gibt. Mit zwei Bildern aus Jes 6,9f. versinnbildlicht Jesus diesen Gedanken: Augen und Ohren als körperliche Organe genügen beim Glauben nicht, es muss zu einem inneren Verstehen kommen – quasi mit dem Herzen. Gott will offensichtlich nicht, dass alle verstehen, umkehren und ihnen vergeben werde. Es gilt: Inneres Erkennen setzt Glauben voraus, den Gott schenkt, wem er will. Redet Jesus also in Gleichnissen, warnt er damit die draußen, dass sie umkehren, zugleich unterweist er die drinnen, dass sie noch vertiefter verstehen.

Weil dieses Gleichnis das erste ist, das Jesus seinen Jüngern erzählt, hat es einen besonderen Stellenwert. Darum legt er es ihnen aus, was er bei keinem anderen Gleichnis mehr machen wird.

4,3: Unter anderem sagte er: „Hört zu! Ein Bauer ging aufs Feld, um zu säen.	4,14: Der Bauer sät das Wort.

Jesus beginnt sein Gleichnis, indem er in den Ort der Handlung einführt und auffordert, zuzuhören: Da ist ein Bauer, der sät. Sofort haben die Menschen damals vor Augen, wie das vor sich ging: Zu Fuß geht er über den Acker. Er läuft mit einem Umhängebeutel über der Schulter auf und ab. Immer wieder greift er hinein und streut mit weit ausholenden Armbewegungen die Samenkörner auf das Land.

In seiner Auslegung macht Jesus deutlich, dass es nicht um gewöhnliche Samenkörner geht. Es ist Gottes Wort, das hier ausgesät und darum gehört werden will. Damit sind zwei Dinge aus dem Gleichnis verständlich: Der Bauer ist Gott, bzw. indirekt Prediger, durch den er redet. Das Saatgut ist Gottes Wort, ist die Predigt.

Damit ist auch ausgesagt, dass es ohne das Wort Gottes, das von außen in den Boden bzw. in den Menschen fällt, keinen Glauben gibt. Ohne Saat wächst keine Frucht, ohne Jesus kann der Mensch Gott nicht gefallen. Doch er ist gefordert, dieses gute Wort Gottes – mit Gottes Hilfe – so in sich zu bewahren, dass Gefährdungen sein Wachstum nicht beeinträchtigen, wie das Folgende zeigt.

4,4: Beim Ausstreuen der Saat fiel einiges auf den Weg. Da kamen die Vögel und pickten es auf.	4,15: Bei einigen Menschen ist es wie mit der Saat, die auf den Weg fällt. Das Wort wird gesät, doch sobald sie es gehört haben, kommt der Satan und nimmt das Wort wieder weg, das in sie hineingesät worden ist.

Das Ackerfeld wird in vier unterschiedlich beschaffene Böden aufgeteilt. Vielleicht hat Jesus einen Acker vor Augen, der von drei verschiedenen Umrandungen umgeben ist. Auf diesen Umrandungen lauern spezifische Gefahren. Übertragen beschreibt Jesus mit diesen Ackerfeldern vier ungleiche Menschengruppen, wie sie auf die Verkündigung des Evangeliums reagieren. Wenn Jesus betont, dass auf alle vier Böden jeweils **einiges** fällt, weist dies darauf hin, dass der Bauer wahllos seinen Samen verstreut.

Auf der einen Seite des Ackers führt ein **Weg** entlang. Auch dorthin fallen beim Säen Körner. Nach Jesu Kommentar steht der Weg für diejenigen, die Gottes Wort zwar hören, an denen es aber abprallt. Der Weg ist ein Trampelpfad, dessen Oberfläche verschlossen ist. Es sind hartherzige Menschen, in deren Herzen die gute Botschaft Gottes nicht eindringt. Darum bleiben die Samenkörner offen liegen, sodass **Vögel** sie aufpicken. Diese identifiziert Jesus mit dem Teufel, dem Gegenspieler Gottes, der nicht will, dass Menschen Jesus glauben und nachfolgen.

Das ist die Gruppe von Menschen, die Jesus ablehnen.

4,5+6: Einiges fiel auf felsigen Boden, der nur von einer dünnen Erdschicht bedeckt war. Weil die Saat dort so wenig Erde hatte, ging sie rasch auf. Als dann aber die Sonne höher stieg, wurden die jungen Pflanzen versengt, und weil sie keine kräftigen Wurzeln hatten, verdorrten sie.	4,16+17: Bei anderen ist es wie mit der Saat, die auf felsigen Boden fällt. Wenn sie das Wort hören, nehmen sie es sofort mit Freuden auf, aber sie sind unbeständige Menschen, Pflanzen ohne Wurzeln. Sobald sie wegen des Wortes in Bedrängnis geraten oder sogar verfolgt werden, wenden sie sich wieder davon ab.

Eine andere Gruppe beschreibt Jesus als **felsigen Boden**. Auf dem Felsen liegt nur eine dünne Erdkruste. Die hier einfallende Saat geht ein wenig auf, findet jedoch zu wenig, was sie am Leben erhält. Solche Menschen sind ein wenig berührt von Gott, glauben anfänglich. Doch sobald Druck von außen kommt – hier bildlich mit der Hitze der **Sonne** beschrieben –, zeigt sich, dass die Botschaft von der Liebe des Vaters nicht in die Tiefe ihres Herzens gedrungen ist. Übertragen können das Hänseleien sein und es geht bis zu handfester Christenverfolgung. Wenn derartige Schwierigkeiten kommen, knicken sie ein. Es sind keine Wurzeln gewachsen, die ausreichend Nahrung liefern und Format verleihen, um dem Druck standzuhalten. Das kümmerliche Pflänzchen Glaube stirbt.

Das ist die Gruppe von Menschen, die zwar glauben, doch nur solange, wie es ihnen nützt. Bringt der Glaube an Jesus jedoch Nachteile mit sich, wird er schnell aufgegeben. Ein Schönwetterglaube.

4,7: Einiges fiel ins Dorngestrüpp, und die Dornensträucher überwucherten und erstickten die Saat, sodass sie keine Frucht brachte.	4,18+19: Wieder bei anderen ist es wie mit der Saat, die ins Dorngestrüpp fällt. Sie hören das Wort, doch dann gewinnen die Sorgen dieser Welt, die Verlockungen des Reichtums und andere Begierden Raum und ersticken das Wort, und es bleibt ohne Frucht.

Eine weitere Umrandung ist das **Dornengestrüpp**. Auch dorthin fallen Gottes Worte. Doch die Sträucher überwuchern und ersticken die keimende Saat. Glaube wird vorübergehend in den Alltag integriert, doch er wird nicht zur bestimmenden Größe. War zuvor vom äußeren Druck die Rede, ist hier die innere Einstellung gemeint, die Frucht verhindert.

Das sind Menschen, die sich von ihrem Sorgen gefangen nehmen lassen und sich Hilfe erwarten von ihren finanziellen Möglichkeiten und von der Befriedigung ihrer Wünsche, anstatt von Gott. Ihr Herz verlässt sich nicht auf Gott, sondern will autonom sein. Dieses Unabhängigkeitsstreben verhindert Glauben.

4,8: Und einiges fiel auf guten Boden, ging auf, wuchs und brachte Frucht, dreißigfach oder sechzigfach oder sogar hundertfach.	4,20: Bei anderen schließlich ist es wie mit der Saat, die auf guten Boden fällt. Sie hören das Wort, nehmen es auf und bringen Frucht: dreißigfach, sechzigfach und hundertfach.

Diesen drei Bodenarten steht eine vierte gegenüber. Waren die anderen Umrandungen des Ackerfeldes, bildet dieser **gute Boden** das Zentrum des Feldes. Der Same, der hierhin fällt, wird aufgenommen, er keimt, geht auf, reift und trägt Frucht. D. h. die Predigt führt zum Glauben, der auch noch für andere wertvoll ist. Der Bauer kann am Ende ernten.

Das sind Menschen, deren Herz unverbrüchlich für Jesus schlägt. Für sie ist der Glaube an Jesus das, was ihr Leben prägt und ausmacht, komme was wolle. Ihr Vertrauen auf Jesus ist unerschütterlich.

Dementsprechend wird hier keine Gefahr geschildert, sondern die **Frucht** betont. Frucht weist auf den Nutzen hin, den andere durch Glaubende haben. Solch ein Nutzen kann sein, dass sie anderen Zuversicht vermitteln in herausfordernden Zeiten, ein wegweisendes Wort haben in einer Entscheidungssituation, eine hilfreiche Hand anbieten an schwierigen Orten. Auf vielfältige Art und Weise sind sie für andere da und weisen so auf Jesus hin und was der Glaube an ihn für sie ausmacht. Dabei wächst unterschiedlich viel Frucht: Bei den einen dreißigfach, bei anderen sechzigfach, bei wieder anderen hundertfach. Doch nicht die Menge machts, denn auch das ist Gottes Geschenk. Es kommt allein darauf an, dass unser Herz Gottes Wort aufnimmt und wir für sein Wirken an uns und durch uns offen sind. Dann hat Gott sein Ziel erreicht, dass wir nicht allein für uns leben, sondern zum Nutzen anderer. Denn Christsein ist weniger Selbstzweck, sondern verfolgt ein höheres Ziel.

Zur Übersicht:

Sämann	= Gott
Saatgut	= Wort
Arten von Böden	= Arten von menschlichen Herzen
1. nichtempfänglicher Boden	
festgetrampelter Weg → Vögel	= hörendes, aber verschlossenes Herz = Teufel
steiniger Boden → Sonne	= hörendes, aber nur oberflächlich aufnehmendes Herz = Verfolgung = äußere Not
„erstickter“ Boden → Dornengestrüpp	= hörendes, aber nur oberflächlich aufnehmendes Herz = Sorgen der Welt, Verlockungen des Reichtums, andere Begierden = innere Autonomie
2. empfänglicher Boden	
guter Boden → Frucht	= hörendes, aufnehmendes Herz = Nutzen für andere

4,9: Jesus schloss mit den Worten: „Wer Ohren hat und hören kann, der höre!“ Diese Aufforderung stellt Jesus an das Ende seines Gleichnisses. Er wünscht sich, dass er mit seiner guten Botschaft Menschen für den Glauben gewinnt. Damit ist dieses Gleichnis eine Mahnung bzw. ein Weckruf: Was für ein Boden bist Du? Ein verschlossener? Einer, der Jesu Botschaft nur oberflächlich aufnimmt, und sich bei Gefahr von außen dann doch nicht auf Gott verlässt bzw. sich im Endeffekt doch lieber auf sich selber, anstatt auf Gott, verlässt? Oder findet Gottes Wort in Dir einen aufnahmebereiten Boden, in dem Gott wirken darf?

In unseren Gemeinden finden sich wohl alle der hier beschriebenen Ackerböden. Jesus wirbt darum, dass wir sein Wort mit willigem Herzen hören.

Zusammenfassung: Ihr seid Gottes Ackerfeld, weil Gott sein Wort auf uns ausstreut. Die Frage ist, inwiefern sein Same bei uns aufgeht, d.h. sein Wort in unser Herz dringt und dort Frucht bringt. Der Glaube an Jesus will in uns so stark werden, dass weder Druck von außen ihn gefährdet noch innere Selbstbezogenheit bestimmender wird als Jesus.

Ihr seid Gottes Baustelle

1. Korinther 3,9-15

4

1. Das Bauen mit verschiedenen Materialien und in unterschiedlichsten Formen liegt uns von klein auf im Blut. An welchen „Bauwerken" haben Sie schon mit Hand angelegt?
2. In Deutschland wird viel gebaut. Neben Großbaustellen finden sich zahlreiche Eigenheimbaustellen. Für so manchen ist es ein Lebensziel, ein eigenes Haus zu bauen und dabei möglichst vieles selber zu machen. Wie sieht es mit Ihrer handwerklichen Begabung aus? Was trauen Sie sich zu, was nicht?
3. Welchen Umgangston beobachten Sie auf Baustellen? Wie kommt es dazu?
4. Auch Gemeinde will gebaut werden. An welcher (Bau-)Stelle bringen Sie sich momentan ein?

EINSTIEG

(15–20 Minuten). Wählen Sie bitte eine oder zwei Fragen aus.

Bestimmt, verantwortlich mitzuarbeiten

BIBELTEXT

9 Es ist also *Gottes* Werk, an dem wir miteinander arbeiten, und ihr seid
Gottes Ackerfeld; ihr seid Gottes Bauwerk.
10 Weil Gott mich in seiner Gnade dazu befähigt hat, habe ich als ein kluger und umsichtiger Bauleiter das Fundament gelegt; andere bauen jetzt
darauf weiter. Aber jeder soll sich sorgfältig überlegen, *wie* er die Arbeit
fortführt. 11 Das Fundament ist bereits gelegt, und niemand kann je ein anderes legen. Dieses Fundament ist Jesus Christus. 12 *Wie* nun aber jemand
darauf weiterbaut – ob mit Gold, Silber, Edelsteinen, Holz, Schilfrohr oder
Stroh –, 13 das wird nicht verborgen bleiben; der Tag des Gerichts wird bei
jedem ans Licht bringen, welches Material er verwendet hat. Denn im Feuer
des Gerichts wird das Werk jedes Einzelnen auf seine Qualität geprüft werden. 14 Wenn das, was jemand auf dem Fundament aufgebaut hat, die Feuerprobe besteht, wird Gott ihn belohnen. 15 Wenn es jedoch verbrennt, wird
er seinen Lohn verlieren. Er selbst wird zwar gerettet werden, aber nur wie
einer, der im letzten Augenblick aus dem Feuer gerissen wird.

BIBELGESPRÄCH

(30–40 Minuten) Wählen Sie ggf. unter den Fragen aus.

1. Was meint Paulus, wenn er sagt, er habe in Korinth das Fundament gelegt?

2. Auch das Fundament eines Windrads ist in Kreuzform (vielleicht finden Sie ein Bild im Internet davon). Nur diese Form gibt einem ca. 20 m hohen Windrad Stabilität und Halt, wenn starke Kräfte an ihm zerren. Auch in unserem Leben gibt es Stürme. Es gilt: So gut wie nach oben gebaut wird, so gut muss auch nach unten gebaut werden. Wie steht es um Ihr Fundament? Wie erleben Sie Halt in Jesus? Fußen Sie voll und ganz auf Jesus Christus oder sind Sie nur christlich angehaucht?

3. Wenn Paulus Gemeinde als Gottes Bauwerk bezeichnet: Wie arbeitet Gott auf dieser Baustelle und wie arbeiten wir Menschen auf dieser Baustelle? Scheinbar geht es nicht, sich bequem zurückzulehnen und zu sagen: „Letztlich muss Gott es machen." Und es geht auch nicht, in Aktivismus zu verfallen und zu meinen: „An mir ist alles gelegen!" Wie sieht ein guter Mittelweg in der Zusammenarbeit aus? Was sagt die Bibel?

4. Autorität wird oft jemandem zugestanden, weil er eine ausdrucksvolle Rede aufweist, überzeugend argumentieren kann, ein selbstsicheres Auftreten hat, einen gewissen gesellschaftlichen Status hat usw. Welches Kriterium nennt Paulus, dass jemand Autorität in Glaubensdingen hat?

5. Bei diesem soliden und verantwortungsbewussten Bauen redet Paulus hier nirgends von Zahlen. Er war scheinbar nicht an einem sichtbaren Erfolg interessiert. Auf was kommt es an, um am Ende als guter Mitarbeiter von Gott geehrt zu werden?

6. Es gibt zwei Arten von Gericht. In welchem Verhältnis steht das sogenannte „Jüngste Gericht" zu dem „Tag des Gerichts", das hier beschrieben wird?

7. Paulus nennt beständige und unbeständige Baumaterialien. Wie interpretieren Sie diese?

8. Was könnte man unter dem Lohn verstehen, den Paulus in Aussicht stellt?

9. Wie tiefgehend oder schlimm empfinden Sie es, wenn Sie am Ende keinen Lohn bekommen sollten? Ist es lediglich ein Schönheitsfehler, denn: Hauptsache gerettet?

1. Leben als Christ schließt bei Paulus selbstverständlich Mitarbeit an Gottes Reich mit ein. Wer Christ ist, ist selbstverständlich Mitarbeiter und Missionar. Wie sehen Sie das?

2. Welche „prominenten Gurus“ bzw. Autoritäten gibt es im christlichen Bereich heute? Gibt es auch in Ihrem Umfeld Autoritätspersonen oder in Ihrer Gruppe? Wie gehen Sie angemessen mit Ihnen um? Paulus sagt (1 Thess 5,21): „Prüft alles. Was gut ist, das nehmt an.“ Was ist der Maßstab zum Prüfen?

3. Paulus will die Korinther durch seine Zeilen korrigieren. Auch wir heutigen Christen haben einander u. a. als Korrektiv. Sind Sie offen für Kritik? Wie reagieren Sie auf Kritik? Wie würden Sie sich wünschen, dass andere Sie auf mögliche Fehlentwicklungen bei Ihnen hinweisen?

4. Welche Rolle spielt für Sie als Mitarbeiter Buße und Vergebung?

AUSTAUSCH

(15–30 Minuten) Wählen Sie ggf. unter den Fragen aus. Sie können das Gespräch mit einem gemeinsamen Gebet abschließen.

ERLÄUTERUNGEN

Zusammenhang des Textes: Der 1. Korintherbrief ist ein äußerst praktischer Brief, insofern Paulus zu konkreten Fragen aus dem Gemeindeleben Stellung nimmt. Paulus hatte auf seiner zweiten Missionsreise auch in der griechischen Stadt Korinth eine christliche Gemeinde gegründet (vgl. Apg 18,1ff). Nachdem er weitergereist war, mussten andere diese weiter aufbauen. Dabei kam es zu Konflikten und Rivalitäten. Spaltung drohte (vgl. 1 Kor 1,10; 11,18f; 12,25). Nun hält Paulus den Korinthern einen Spiegel vor und sagt ihnen, dass sie sich wie unmündige Kinder, d. h. wie geistlich unreife Menschen verhalten (vgl. 1 Kor 3,1-3), insbesondere wenn sie einzelne Mitarbeiter gegeneinander ausspielen und sich in der Gemeinde Lager bilden – im konkreten Fall um die Personen Apollos, Petrus und Paulus (vgl. 1 Kor 3,4ff.22). Paulus stellt klar, dass jeder Mitarbeiter seine Aufgabe hat und Gott es ist, der ihrem Tun Gelingen schenkt. Jeden setzt Gott auf seiner Baustelle an seinen Platz.

3,9: Es ist also Gottes Werk, an dem wir miteinander arbeiten, und ihr seid Gottes Ackerfeld; ihr seid Gottes Bauwerk. Gott ist es, der seine Gemeinde baut. Es ist immer sein **Werk**, an dem Gott uns aber beteiligt und mitarbeiten lässt. Wir sind seine Mitarbeiter. Er baut sein Werk in, mit und durch uns. D. h. im Umkehrschluss: Wir sind Gottes Gehilfen, aber niemals Chefs in seiner Gemeinde. Wir bleiben ihm verantwortlich. Wir **arbeiten** dort und investieren uns. Und wir tun das **miteinander**. Keiner alleine, sondern gemeinsam. Dabei mögen kirchliche bzw. organisatorische Hierarchien aus menschlicher Sicht ihre Berechtigung haben und sinnvoll sein, doch vor Gott sind alle Mitarbeiter gleich. Darum gilt: „Das Wir gewinnt!“ Das gemeinsame Ziel – Gottes Werk voranzutreiben – motiviert und verbindet.

Mit zwei Bildern illustriert Paulus diesen Gedanken: Ihr als Gemeinde seid **Gottes Ackerfeld** und **Gottes Bauwerk**. Beide Metaphern legen den Akzent nicht auf ein Ergebnis, sondern auf den Prozess. Gottes Acker und Gottes Bau sind noch nicht fertig. Hier muss noch gearbeitet werden. Primär ist Gott am Wirken, indem er seinen

Segen schenkt. Dann aber will er nicht ohne uns sein Werk vollenden. Es ist in beiden Bildern eine Verquickung aus Gottes und aus des Menschen Beitrag, denn beide sind aktiv und legen auf dem Acker oder auf dem Bau mit Hand an. Vermutlich passt für Paulus das Bild von Gottes Bauwerk besser, weshalb er dieses nun weiter entfaltet und dabei auch thematisiert, auf welche Art und Weise wir Menschen in Gottes Gemeinde mitarbeiten können.

3,10: Weil Gott mich in seiner Gnade dazu befähigt hat, habe ich als ein kluger und umsichtiger Bauleiter das Fundament gelegt; andere bauen jetzt darauf weiter. Aber jeder soll sich sorgfältig überlegen, wie er die Arbeit fortführt. Paulus erkennt: Gott befähigt mich. Gott beruft mich, Apostel zu sein, d. h. Pionier- und Heidenmissionar. Nicht er selber hält sich für begabt, sondern aus **Gnade** ist er, was er ist (vgl. 1 Kor 15,10). Darum ist er Gottes Diener und nun setzt er sich für seine Sache ein und übernimmt Verantwortung.

Paulus weiß sich gezielt berufen, Gemeinden zu gründen. Und wenn Gott ihn dazu befähigt, dann lässt sich das damit vergleichen, wenn einer bei einem Haus das Fundament legt. Diese Aufgabe will er **klug und umsichtig** angehen, mit planerischem und strategischem Sachverstand. Seine Sorgfalt zeigt sich schon in seiner grundsätzlichen Missionsstrategie (vgl. Röm 15,19f): Paulus geht nur dorthin, wo es noch keine christliche Gemeinde gibt, meist in größere Zentren. Dort gründet er eine, begleitet sie in den Anfängen, und damit ist sein Auftrag erfüllt. Nun müssen andere von diesen Zentren aus das Umland missionieren. Paulus weiß genau, was seine Aufgabe ist. Dabei zeigt es sich, dass er auf seinen Reisen offenbleibt für Gottes Wegweisungen, er lässt sich vom Heiligen Geist unterwegs leiten (vgl. Apg 16,6-8). Paulus versteht sich nicht als Ortspastor für nur einen Ort, sondern als Pionier- und Heidenmissionar, der von Region zu Region reist. In diesem Zusammenhang setzt er sich u. a. auch das Ziel, bis nach Spanien zu reisen, um die Botschaft von Jesus Christus bis an den Rand der damalig bekannten Welt zu bringen (vgl. Röm 15,23f).

Auch in Korinth hat Paulus das **Fundament** gelegt. Durch seine Verkündigung des Evangeliums vom Tod und der Auferstehung Jesu Christi ist dort eine Gemeinde entstanden. Als das – mit Gottes Hilfe – erreicht war, verließ er Korinth wieder und reiste weiter. Nach ihm sind andere an der Reihe, auf dem **weiter aufzubauen**, was er begonnen hatte. Er meint alle Verkündiger, Lehrer, Seelsorger – letztlich alle Mitarbeiter in der Gemeinde. Paulus leistet Gemeindegründungsarbeit, andere Gemeindeentwicklungsarbeit. Paulus' Aufgabe ist die eines **Bauleiters**. Seine Funktion ist die eines vorausschauenden Architekten, der mit seinem Tun das Ganze des Baus im Blick hat. Er gibt mit seiner Arbeit die gesamte Richtung vor, er setzt Maßstäbe für den ganzen Bau. Deshalb haben die, die weiterbauen, ihre Aufgabe in Kontinuität zu seiner Fundierungsarbeit zu tun. Sie müssen sich sorgfältig an die Vorgaben (Maße, Tragkraft...) des Fundaments halten. Ansonsten wäre womöglich die Statik des Baus in Gefahr und er endet in einer Katastrophe. Damit wird zum einen betont, dass weitergebaut werden muss. Was bringt ein Fundament ohne weiteren Aufbau? Zum anderen sollen die Weiterbauenden **sorgfältig** das ***Wie*** ihrer Bautätigkeit beachten. Die Klugheit und Umsicht des Paulus soll seine Entsprechung in ihrer Sorgfalt finden. Beide tragen große Verantwortung.

3,11: Das Fundament ist bereits gelegt, und niemand kann je ein anderes legen. Dieses Fundament ist Jesus Christus. Das Gemeindefundament hat Paulus sich nicht selbst ausgedacht, sondern es ist **bereits gelegt** und auch ihm vorgegeben. Paulus benennt und identifiziert es mit der Person **Jesus Christus.** Ihm ist er bei seinem Damaskus-Erlebnis persönlich begegnet (vgl. Apg 9,1ff). Damit verdeutlicht Paulus, dass Gott die eigentliche Grundlagenarbeit geleistet hat mit der Person Jesus Christus. 1 Kor 2,2: „Ich hatte mir vorgenommen, eure Aufmerksamkeit einzig und allein auf Jesus Christus zu lenken – auf Jesus Christus, den Gekreuzigten" (vgl. 1 Kor 1,23). Mit seinem Heilshandeln im Kreuzestod Jesu hat der ewige Gott die ewig gültige Basis festgesetzt. Alles Bauen muss sich daran orientieren und dem entsprechen. Weil Gott das vorgibt, darum kann **niemand je ein anderes Fundament legen** – Paulus selbst und jeder andere Christ bleiben gebunden an die Person Jesus Christus. Damit ist Paulus einer, der aufbaut und auf der Vorgabe eines anderen weiterbaut – aber eben nicht auf menschlicher, sondern auf göttlicher Vorgabe. Damit unterstellt er auch sein Tun der Feuerprobe am Tag des Gerichts.

3,12+13: *Wie* nun aber jemand darauf weiterbaut – ob mit Gold, Silber, Edelsteinen, Holz, Schilfrohr oder Stroh –, das wird nicht verborgen bleiben; der Tag des Gerichts wird bei jedem ans Licht bringen, welches Material er verwendet hat. Denn im Feuer des Gerichts wird das Werk jedes Einzelnen auf seine Qualität geprüft werden. Nun nimmt Paulus konkret das Tun der Christen bzw. Mitarbeiter in Korinth in den Blick. Es geht ihm darum, ***wie*** sie auf dem von ihm gelegten Fundament, der Person Jesus Christus, **weiterbauen.** Im Gesamtzusammenhang von 1 Kor 3 geht es um den Streit der Korinther, wer mehr Autorität hat: Apollos, Petrus oder Paulus? Diese Frage beantwortet Paulus sinngemäß mit (vgl. 3,21-23): „Allein Jesus Christus!" Er als Person ist unser Fundament. Bauen auf ihm heißt, Menschen in Beziehung zu bringen mit ihm. So wächst Gemeinde – und auch die Glaubensbeziehung. Dieses Fundament wird wiederum Konsequenzen haben für das Denken, Reden, Verhalten und Tun. Jesus will das ganze Leben durchdringen und prägen. Darum können die Korinther z. B. nicht mehr bei ihren früheren Kulten mitmachen. Dieses Fundament will ihre Ethik prägen, ihr gelebtes Alltagschristsein. Er will sie prägen, wie sie ihre Ehen leben, wie sie ihre Gottesdienste feiern, wie sie mit Götzenopferfleisch umgehen usw. – all die Themenbereiche, die Paulus im Korintherbrief behandelt. Jesus-Nachfolger haben eine Jesus-konforme Identität und Lebensweise.

Bauen auf dem Fundament Jesus bedeutet, Menschen auf Jesus als die lebensbestimmende Autorität hinzuweisen. An ihn sollen sie sich binden. Wie erreicht man das? Paulus nennt im Folgenden Baumaterialien und sortiert sie in zwei Gruppen von je drei Materialien. Sie sind aufgelistet nach ihrer Kostbarkeit – das wertvollste zuerst (Gold), das billigste zuletzt (Stroh). Paulus' Ziel ist es, dass beim Gemeindebau solche Materialien Verwendung finden sollen, die ewigen Bestand haben. Dementsprechend bedeutet Bauen mit **„Gold, Silber, Edelsteinen"**, Menschen an Christus zu verweisen. Bauen ist also das Gewinnen neuer Gemeindeglieder durch missionarische Verkündigung und das Bestärken von Gemeindegliedern durch aufbauende Verkündigung – es geht darum, dass Menschen Christen werden und Christen bleiben. Solch ein Bauen mit wertvollen und beständigen Baumaterialien bewertet er als positiv. Dagegen meint Bauen mit **„Holz, Schilfrohr, Stroh"**, dass Menschen zwar auch auf Jesus hingewiesen werden, aber daneben auch noch auf andere Autoritäten. Christus ist schon auch Fundament und Maßstab, aber eben nicht exklusiv. Menschen orientieren und binden sich demzufolge nicht allein an Jesus und seine Rettung, sondern richten sich zugleich noch an anderem aus. Solch ein Bauen mit minderwertigen und vergänglichen Baumaterialien bewertet er als negativ. Es stellt für ihn kein solides Weiterbauen in Kontinuität zu seiner Arbeit dar, die nur Jesus allein als Fundament kannte. Damit sagt Paulus, dass es auch eine nutzlose Gemeindearbeit gibt.

Diese Art, wie Mitarbeiter bauen, wird spätestens am **Tag des Gerichts** offenbar werden. Diesen Gerichtshorizont denkt Paulus immer mit. In 2 Kor 5,10 schreibt er: „Denn wir alle müssen einmal vor dem Richterstuhl von Christus erscheinen, wo alles offengelegt wird, und dann wird jeder den Lohn für das erhalten, was er während seines Lebens in diesem Körper getan hat, ob es nun gut war oder böse." Sehr wichtig ist nun zu unterscheiden, dass es zwei Arten von Gerichtsverhandlungen geben wird. Vor das eine Gericht werden alle Menschen zitiert. Dabei geht es um das Heil oder Unheil des Einzelnen, um ewiges Leben oder ewigen Tod. Kriterium hierbei ist, ob er an Jesus Christus geglaubt hat. Dies wird oft das „Weltgericht" genannt. Der Ausgang dieses Gerichts ist für Christen keine Frage mehr. Paulus kann sagen (Röm 8,1): „Müssen wir [Christen] denn nun noch damit rechnen, verurteilt zu werden? Nein, für die, die mit Jesus

Christus verbunden sind, gibt es keine Verurteilung mehr."

Das andere Gericht, das Paulus hier beschreibt, betrifft hingegen nur noch den Christen. Dabei geht es nicht mehr um ihn als Einzelperson, sondern es geht um sein (Gesamt-)**Werk**. Kriterium hierbei ist die Art und Weise, wie er als Mitarbeiter gebaut hat, ob für ihn Jesus exklusiv im Mittelpunkt seiner Mitarbeit stand. Zur Diskussion steht dann, ob er einen Lohn erhält oder nicht. Dieses Gericht für Christen umschreibt Paulus im Bild des **Feuers**. Denn Feuer hat eine trennende Funktion. Erz z. B. wird durch Feuer in seine einzelnen Bestandteile getrennt, sodass am Ende das Wertvolle vom Wertlosen, das Edle vom Unedlen getrennt ist. Ebenso wird Gottes Gericht die **Qualität** des Tuns eines jeden einzelnen Mitarbeiters offenlegen und seine Werke reinigen.

3,14+15: **Wenn das, was jemand auf dem Fundament aufgebaut hat, die Feuerprobe besteht, wird Gott ihn belohnen. Wenn es jedoch verbrennt, wird er seinen Lohn verlieren. Er selbst wird zwar gerettet werden, aber nur wie einer, der im letzten Augenblick aus dem Feuer gerissen wird.** Bei dieser Qualitätskontrolle können zwei Bescheide ausgestellt werden: **Die Feuerprobe** kann positiv oder negativ ausfallen. Das eine Baumaterial hat im Feuer Bestand, das andere nicht. Entsprechend bedeutet das für den einen, dass er einen **Lohn** erhält, der andere nicht. Worin der Lohn genau besteht, wird nicht ausgeführt. Doch Paulus fügt gleich als Absicherung hinzu, dass es sich bei diesem Lohn nicht um den Himmel handelt. Denn beide werden **gerettet!** Alles andere würde allem widersprechen, was er durchgehend in seinen Briefen über Gnade, Erwählung, Rechtfertigung usw. sagt. Das ewige Leben, das spätere Sein bei Gott in seiner Herrlichkeit, ist allen Mitarbeitern gewiss, denn sie sind verbunden mit Christus. Sie stehen alle auf dem Fundament Jesus Christus.

Doch die Rettung dessen, der einen negativen Bescheid ausgestellt bekommt, hat den Makel, dass er **im letzten Augenblick aus dem Feuer gerissen** wird, bevor das Feuer tieferen Schaden an ihm als Person anrichten kann. Seine Rettung geschieht in letzter Sekunde. Nun steht er angesengt da, fast schon verkohlt wie ein Brandscheit. D. h. er musste etwas hergeben, das ihm lieb und teuer war. Er meinte es gut, doch jetzt realisiert er, dass er auf Falsches gesetzt hat. Diese Einsicht tut weh. Wenn etwas wegverbrennt und man Verlust erleidet, schmerzt das.

Der **Lohn** ist damit die Bestätigung, gut im Sinn von „auf Christus zentriert" weitergebaut zu haben, ein Lob und daraus eine gewisse Ehre. **Keinen Lohn** erhält der, der nicht dem Fundament vom gekreuzigten Christus entsprechend weitergebaut hat, und daraus resultiert eine Art Beschämung. Vielleicht hilft der Vergleich: Man steht am Ende nackt da, schämt sich und fragt sich: „Wie konnte ich nur!" Oder aus dem Bild des Ackerfeldes abgeleitet: Man steht am Ende ohne Frucht da (vgl. Phil 4,17) und kann sich nicht an Menschen freuen, die durch die eigene Mitarbeit zu Jesus gefunden haben oder in der Beziehung zu Jesus gestärkt wurden.

Zusammenfassung: Ihr seid Gottes Baustelle, denn Christen sind Mitarbeiter Gottes, die sich in seiner Gemeinde einbringen. Dies können sie so tun, dass sie dem Fundament entsprechend handeln und am Ende belohnt werden. Oder sie handeln dem Fundament entgegen und werden am Ende mit leeren Händen dastehen.

Ihr seid Gottes Tempel

5

2. Korinther 6,14–7,1

EINSTIEG

(15–20 Minuten). Wählen Sie bitte eine oder zwei Fragen aus.

1. Wie stellen Sie sich einen Tempel vor? Vielleicht kennen Sie Tempel von Urlaubsreisen oder von Bildern. Wie sieht ein Tempel aus? Wozu ist er da? Was geschieht dort?

2. Was ist Ihnen „heilig“? Vielleicht Gegenstände, die niemand anfassen darf. Vielleicht Lebenseinstellungen, die Ihnen wert und teuer sind?

3. Wie müsste Ihrer Meinung nach das Leben eines Christen aussehen? Was sollte er tun? Was darf er nicht tun?

BIBELTEXT

Adel verpflichtet

14 Macht nicht gemeinsame Sache mit Menschen, die nicht an Christus
glauben und daher andere Ziele verfolgen als ihr. Oder haben Gerechtigkeit
und Gesetzlosigkeit irgendetwas miteinander zu schaffen? Gibt es irgendeine Gemeinsamkeit zwischen Licht und Finsternis, 15 irgendeine Übereinstimmung zwischen Christus und dem Verderber, irgendetwas, was einen
Gläubigen mit einem Ungläubigen verbindet? 16 Was haben Götzenbilder im
Tempel Gottes zu suchen? Und dieser Tempel des lebendigen Gottes sind
wir. Denn Gott hat gesagt: „Ich will in ihrer Mitte wohnen und bei ihnen ein
und aus gehen; ich will ihr Gott sein, und sie sollen mein Volk sein.“ 17 „Deshalb“ – so sagt der Herr – „verlasst jene Leute und trennt euch von ihnen;
fasst nichts Unreines an! Dann werde ich euch annehmen 18 und werde euer
Vater sein, und ihr werdet meine Söhne und Töchter sein.“
Das sagt der Herr, der allmächtige Gott.
1 So groß sind also die Zusagen, die Gott uns gemacht hat, liebe Freunde!
Deshalb wollen wir uns von allem fern halten, was uns in unseren Gedanken
und in unserem Tun beschmutzt, und wollen in Ehrfurcht vor Gott ein durch
und durch geheiligtes Leben führen.

BIBELGESPRÄCH

(30–40 Minuten). Wählen Sie ggf. unter den Fragen aus.

1. Vollziehen Sie nach, welchen Stellenwert der Jerusalemer Tempel für Gottes Volk hatte! Was verbanden die Menschen mit ihm? Wie verhielten sie sich dort? Wie zeigten sie ihren Respekt Gott gegenüber?

2. Gott sagt (3 Mo 19,2, **L**): „Ihr sollt heilig sein, denn ich bin heilig, der Herr, euer Gott." Definieren Sie bitte, was das Wort „heilig" bedeutet.

3. Paulus überträgt Vorstellungen des Tempels aus dem Alten Testament auf die christliche Gemeinde im Neuen Testament. Was genau meint er? Was heißt das für uns heute?

4. An welche Personen könnte Paulus gedacht haben, wenn er davon redet, dass die Korinther sie verlassen sollen? Was könnte so unrein gewesen sein, dass sie es nicht mal mehr anfassen sollten? Von was sollen sie sich fernhalten, damit es ihre Gedanken oder ihr Tun nicht beschmutzt?

5. Welche Zusagen meint Paulus in V. 18?

6. Oft wird Gott beschrieben als faszinierend und erschreckend zugleich. Was heißt für Sie „Ehrfurcht"? Inwiefern kann das Stichwort von der „Majestät Gottes" Ihnen weiterhelfen? Wie begegnen Sie Ihrem Gott?

7. Was meint Paulus damit, wenn er sagt (1 Kor 6,19): „Der Geist, den Gott euch gegeben hat, wohnt in euch, und ihr gehört nicht mehr euch selbst." Wie zeigt sich das bei Ihnen?

AUSTAUSCH

(15–30 Minuten) Wählen Sie ggf. unter den Fragen aus. Sie können das Gespräch mit einem gemeinsamen Gebet abschließen.

1. Wieso sollten wir uns von Gott in unseren praktischen Lebensalltag reinreden lassen? Reicht es nicht, wenn wir an ihn glauben? Wie hängen Glauben und Leben zusammen? Wenn Gottes Geist uns Gottes Gesetz ins Herz schreiben will (so Jer 31,33), welche Bedeutung hat dann das alttestamentliche Gesetz für uns? Stimmen Sie zu, dass es uns nicht das Heil, sehr wohl aber Orientierung geben will?

2. Durch die Jahrhunderte haben Christen miteinander gerungen, wie das Leben als Christ aussehen sollte. Zu jeder Zeit mussten sie in ihrem Kontext, mit ihren spezifischen Herausforderungen und Fragen, Antworten finden. Was fordert uns heute besonders heraus?

3. Womit sind Sie versuchlich? Sexualität ist nur ein Bereich. Paulus nennt in 1 Kor 6,10 weitere Dinge wie Geiz, Lästern, Diebstahl. Wie gehen Sie damit um?

4. Was ist Ihre Meinung: Wenn unser Körper Gott gehört und wir auch mit ihm Gott loben sollen, was heißt das in Bezug auf Rauchen, Alkohol, Piercing, Sexualität, Pornografie ...? Wie bewerten Sie den Satz von Teresa von Avila: „Sei gut zu deinem Leib, damit die Seele Lust hat, darin zu wohnen."

5. Wo stellen Sie fest, dass Ihr Leben momentan nicht mit Gottes Heiligkeit zusammenpasst? Was nehmen Sie sich vor? Wie wollen Sie eine konkrete Veränderung herbeiführen? Wollen Sie diesen Punkt mit Ihrer Gruppe teilen und dafür miteinander beten?

ERLÄUTERUNGEN

Zusammenhang des Textes: Im 2. Korintherbrief wird Paulus recht persönlich. Er wehrt sich gegen Angriffe auf seine Person und die Art und Weise, wie er sein Apostelamt ausübt. Drei Themenbereiche umkreist Paulus in seinem Brief: In Kapitel 1–7 geht es um die Verteidigung seiner Person, wobei durchgehend die ethische Dimension des Glaubens mitschwingt. In Kapitel 8–9 ruft Paulus zu einer Opfersammlung für die Gemeinde in Jerusalem auf. Die Kapitel 10–13 sind wieder der Konfrontation mit seinen Gegnern gewidmet.

Paulus möchte nicht mit seiner apostolischen Autorität quasi als Besserwisser gegenüber den Christen in Korinth auftreten (vgl. 1,24), sondern er wirbt um ihr Vertrauen. Dieses Werben findet in Kapitel 6 einen ersten Höhepunkt. Immer wieder kam er in seinem Brief darauf zu sprechen, in welcher Treue und mit wie viel Mühe er sein Apostelamt ausfüllt, so auch jetzt in 6,3-10. Nun spricht er die Korinther als seine Kinder an (6,13). Er ist ihr geistlicher Vater, d.h. durch ihn sind sie zum Glauben an Jesus gekommen, durch sein Verkündigen ist ihre christliche Gemeinde in Korinth entstanden. Aus dieser Verbundenheit heraus bittet der Vater seine Kinder, ihm und seinen Ermahnungen ihr Herz zu öffnen, insbesondere auch in Fragen der Lebensführung. Eine zweifache Aufforderung für ein offenes Herz umrahmen unseren Text (6,13b+7,2). Manche Ausführungen aus dem 1. Korintherbrief nimmt Paulus dabei auf.

6,14a: Macht nicht gemeinsame Sache mit Menschen, die nicht an Christus glauben und daher andere Ziele verfolgen als ihr. Paulus fordert zur inneren Distanzierung auf. **Menschen, die nicht an Christus glauben,** können für Christen kaum gute Vorbilder sein. Natürlich gibt es Nichtchristen, die ein ethisch gutes Leben führen. Doch was Christen und Nichtchristen voneinander trennt, ist Christus. Keine **gemeinsame Sache** mit ihnen zu machen bedeutet, dass man sich nicht an ihnen orientieren und von ihrem Verhalten Normen für das eigene Denken und Tun ableiten soll. Denn sie haben **andere** (Lebens-) **Ziele,** was sich bis hinein in ihre Lebensweise zeigen kann. Für Christen gibt Christus die Lebensausrichtung vor. Bei Nichtchristen sind andere Dinge richtungsweisend. Darum sind sie überwiegend keine guten Ratgeber und Vorbilder. Diese Forderung widerspricht nicht herzlichen Beziehungen zwischen Christen und Nichtchristen und erst recht nicht einem missionarischen Bemühen um sie.

6,14b+15: Oder haben Gerechtigkeit und Gesetzlosigkeit irgendetwas miteinander zu

schaffen? Gibt es irgendeine Gemeinsamkeit zwischen Licht und Finsternis, irgendeine Übereinstimmung zwischen Christus und dem Verderber, irgendetwas, was einen Gläubigen mit einem Ungläubigen verbindet? Diesen Gedanken der inneren Distanz verdeutlicht Paulus anhand von drei Fragen, die jeweils mit Nein zu beantworten sind. Dabei führt er Paare an, die sich gegeneinander ausschließen. **Gerechtigkeit und Gesetzlosigkeit** lassen sich nicht miteinander vereinbaren, denn entweder halte ich das Gesetz und bin in dessen Augen gerecht, oder ich halte mich nicht daran und bin daher ungerecht, gesetzlos, ein Gesetzesbrecher. Ebenso wenig sind **Licht und Finsternis** miteinander vereinbar. Entweder es ist hell oder dunkel, aber nicht beides zugleich. Wenn Licht aufleuchtet, weicht das Dunkel; wo Finsternis herrscht, erlischt das Licht. Auch **Christus und der Verderber** stehen einander konträr gegenüber. Im Griechischen steht hier der Name „Beliar", womit Gottes Gegenspieler gemeint ist. Christus hat die Christen aus dem Machtbereich Satans befreit. Darum gehören sie Christus und tun dessen Willen.

Ganz selbstverständlich steht für Paulus darum fest – er kleidet es in Frageform, doch die Antwort ist für ihn eindeutig: **Gläubige und Ungläubige** stehen sich entgegengesetzt gegenüber. Seine Schlussfolgerung lautet: Es gibt keinen gemeinsamen Nenner. Darum können sich Gläubige nicht an Ungläubigen orientieren.

6,16a: Was haben Götzenbilder im Tempel Gottes zu suchen? Und dieser Tempel des lebendigen Gottes sind *wir*. Paulus setzt die Reihe der Fragen fort, doch nun ohne ein Gegensatzpaar, sondern mit einem Vergleich aus dem Alten Testament: Der **Tempel Gottes** wurde für Gott erbaut als sein Haus, als dessen Wohnung unter den Menschen. Zwei Bestimmungen waren für den Tempel maßgeblich:

Zum einen war der Tempel der Ort, an dem Menschen Gott begegnen konnten. Seine Funktion war die der Kommunikation. Dort redete und offenbarte sich Gott dem Menschen, und dort erwies umgekehrt der Mensch seinem Gott die Ehre, indem er ihn anbetete, besang, ihm opferte. Im Tempel redete Gott mit den Menschen und die Menschen mit ihm.

Zum anderen war dieser Ort ein für Gott reservierter, heiliger Raum. Heilig heißt: für Gott ausgesondert. Dies in einem doppelten Sinn:

- Einerseits galt: Wenn Gott – und damit sein Tempel – heilig ist, dann auch der Mensch, der ihm dort begegnen möchte. Weil aber Sünde Gott und Mensch trennt, kann nicht jeder einfach so zu Gott kommen. Darum gab es im Tempel für Gott ausgesonderte Menschen, die stellvertretend für den Rest des Volkes Gott dienten (vgl. 2 Mo 29,44; 3 Mo 21,8). Diese Priester vermittelten zwischen Gott und Mensch und entfernten/sühnten alles Trennende durch Rituale, insbesondere durch Opfer. Damit Gott diese Opfer auch annimmt, mussten die Opfertiere bestimmte Standards erfüllen, um für ein sühnendes Geschehen geeignet zu sein. D. h. sie durften keinen Makel haben (vgl. z. B. 3 Mo 1,3). Neben den für Gott ausgesonderten Priester trat somit das für Gott ausgesonderte Opfertier. Ein gewöhnlicher Mensch konnte also nicht einfach in die Nähe seines Gottes kommen, ohne Gefahr zu laufen, dessen Heiligkeit zu verletzen.

- Andererseits galt: Wenn Gott heilig ist, dann ist auch dieser Tempelort heilig, d. h. ein Heiligtum. Ausschließlich diesem einen Gott war der Tempel geweiht und für ihn reserviert. Dort im Tempel bestand ein absolutes Tabu für andere Götter. Doch diese Exklusivität war von Anfang an umkämpft. Bereits Salomo, der Erbauer des ersten Tempels Israels, verehrte neben Jahwe die Götter seiner vielen ausländischen Frauen (vgl. 1 Kön 11). Neben dem Gott Israels wurden auf Anhöhen Götzenstatuen und kultische Gegenstände anbetend verehrt, man erhoffte sich auch von ihnen Hilfe. Der Gott Israels wurde damit auf eine Ebene mit anderen Göttern gestellt – der Tempelberg Zion und andere Anhöhen standen sich ebenbürtig gegenüber. Gott reagierte voller Eifersucht darauf. Im stetigen Abfall von ihm und in der Zuwendung zu Götzen sah er das Grundübel seines Volkes, weshalb er es der Vernichtung preisgab (vgl. 2 Kön 17,7ff). Erst recht, nachdem diese anderen Götter mit ihren Statuen und Gegenständen nach und nach auch Einzug in seinen Tempel fanden (vgl. 2 Kön 23,4ff). Dadurch wurde das Heiligtum entheiligt, d. h. verunreinigt.

Diese beiden Aspekte (1. der Tempel als Ort der Kommunikation zwischen Gott und Mensch, 2. der Tempel als heiliger Ort in doppelter Perspektive: Menschen und Opfertiere müssen hier Gottes Heiligkeit wiederspiegeln, und dieser Ort ist ausschließlich diesem einen Gott geweiht) überträgt Paulus nun auf die christliche Gemeinde. Die Aussage, **dieser Tempel des lebendigen Gottes sind wir,** besagt, dass beide Aspekte des Tempelgedankens seit Gottes Rettung durch Jesus Christus in der christlichen Gemeinde zu finden sind. Die Gemeinde hat den Status des alttestamentlichen Tempels und übernimmt dessen Funktion – nun aber bezogen auf Jesus Christus, der die christliche Gemeinde begründet: In ihr findet sowohl die Kommunikation mit Gott statt, d. h. er überwindet von sich aus die Distanz und begegnet dem Menschen in Jesus Christus. Und in der Gemeinde muss es heilig zugehen: Die zur Gemeinde gehörigen Menschen müssen heilig sein – zum einen in ihrer Jesus Christus entsprechenden Lebensweise, zum anderen in ihrer alleinigen Verehrung dieses einen Gottes Jesus Christus. Darum werden Menschen, die an Jesus glauben, auch als „Heilige" bezeichnet (vgl. z. B. Röm 8,27; 16,15, **L**).

6,16b: Denn Gott hat gesagt: „Ich will in ihrer Mitte wohnen und bei ihnen ein und aus gehen; ich will ihr Gott sein, und sie sollen mein Volk sein." Paulus schließt zwei alttestamentliche Zitate an, um seine Aussage zu untermauern. Im ersten Zitat aus 3 Mo 26,11f wird das Wohnen Gottes inmitten seines Volkes betont. **Wohnen** heißt, dass er sich niederlässt – und dies nicht nur für einen kurzen Moment wie in einem Zelt, sondern für immer wie in einem massiv gebauten Haus. Die Gemeinde Jesu ist der dauerhafte Wohnort Gottes, dort ist er verlässlich zu finden. Er ist **in ihrer Mitte** und **geht bei ihnen ein und aus.** Damit ist seine bleibende Nähe ausgesagt. Gott will nicht distanziert sein, sondern ein nahbarer Gott. In Jesus kommt er seinen Menschen nahe, auf dass sie sich ihm nahen.

Die Wendung **ich ihr Gott, sie mein Volk** drückt diese Zusammengehörigkeit aus. Gott und Mensch sind nicht geschieden voneinander, sondern gehören zusammen. Alles Trennende ist weg. Ihre Gemeinschaft ist eine innige Einheit. Und dies zeigt sich auch nach außen:

6,17+18: „Deshalb" – so sagt der Herr – „verlasst jene Leute und trennt euch von ihnen; fasst nichts Unreines an! Dann werde ich euch annehmen und werde euer Vater sein, und ihr werdet meine Söhne und Töchter sein." Das sagt der Herr, der allmächtige Gott. Das zweite ist ein Kombinationszitat aus Worten aus Jes 52,11, die von der Heiligkeit der Priester sprechen, und Worten aus 2 Sam 7,14, die das Vater-Kind-Verhältnis thematisieren. Zum Staunen: Der **Allmächtige** redet davon, dass er unser **Vater** sein will. Der Glaube bedeutet zuallererst dieses Geschenk der Gotteskindschaft. Wir dürfen Kinder Gottes sein und zum Allmächtigen „Abba" = „Papa" sagen (vgl. Gal 4,6f; Röm 8,14f). Was für ein Vorrecht!

Diese Gemeinschaft mit dem Vater beinhaltet für das Kind im zweiten Schritt auch eine Abgrenzung gegenüber Andersglaubenden. Denn Gottes Wesen soll sich in unserem Leben wiederspiegeln. Wenn der Einfluss anderer zu groß zu werden droht, ist eine Trennung von ihnen logische Konsequenz. Denn ihr Tun verunreinigt das Vater-Kind-Verhältnis und spaltet sie. Jesusnachfolge kann u. U. dahin führen, dass auch ein äußeres Abstandnehmen angesagt ist.

Dies kann bis dahin gehen, dass man bestimmte Dinge nicht mehr anfasst. Denn an **Unreinem** verunreinigt man sich. Im alttestamentlichen Judentum mussten z. B. Personen, die einen Toten berührt hatten, eine bestimmte Frist abwarten und an deren Ende ein Reinigungsritual durchführen, um wieder zur Kultgemeinschaft zugelassen zu sein (vgl. 4. Mo 19). Unreines trennt von Gott. Paulus formuliert dies als Bedingung.

Dass ein Mensch von Gott als Kind angenommen wird, geschieht unter der Voraussetzung, dass er bereit ist, seinem Glauben an ihn Konsequenzen im praktischen Leben folgen zu lassen. Das kann mitunter richtig schwerfallen! Doch wenn ich mir die Größe seines Geschenks vor Augen halte – die innige Nähe, die ich als sein Kind zu ihm als Vater haben darf –, motiviert mich das, mit meinem ganzen Leben seiner Herrlichkeit entsprechen zu wollen.

7,1 So groß sind also die Zusagen, die Gott uns gemacht hat, liebe Freunde! Deshalb wollen wir uns von allem fern halten, was uns in unseren Gedanken und in unserem Tun beschmutzt, und wollen in Ehrfurcht vor Gott ein durch und durch geheiligtes Leben führen. Paulus verweist direkt nach seiner Forderung nicht auf ein Gesetz, sondern auf Gottes **Zusagen.** Sie motivieren mich! Paulus geht es nicht um einen bloßen Gehorsamsakt, sondern dass ich selber überprüfe: Was passt zu Jesus, was nicht? Seine Zusagen wirken in mir den Wunsch und den Willen, Gott zu entsprechen.

Wenn ich mich von Menschen und ihrem falschen Tun distanziere, bekomme ich etwas viel Wertvolleres geschenkt: Ihn! Seine Zusagen beinhalten die Gemeinschaft mit Jesus, und dazu noch die Gemeinschaft mit denen, die ihm ebenfalls nachfolgen. Die Größe dieser Gemeinschaft veranlasst mich, meinen Glauben im Alltag konsequent, d.h. christusgemäß zu leben. Die Liebe zu Jesus treibt mich an, Dinge zu tun, die Gott ehren, und bestimmte Dinge zu lassen, die ihn nicht ehren. Gottes Heiliger Geist arbeitet an meinem Willen, dass ich mich fernhalten will von allem, was meine **Gedanken** oder mein **Tun** beschmutzen. Wer Jesus nachfolgt, will vor ihm rein dastehen. Ich will ihm meine Freude über ihn, meine Liebe zu ihm zeigen, und darum ein **durch und durch geheiligtes Leben** führen. Ein Leben, an dem er sich freuen kann. Dies wird ein Prozess bleiben, der mich bis zum Lebensende fordern wird. D.h. auch: Ihm will ich gefallen, keinem sonst. Was andere sagen, wird darum zweitrangig. Was er sagt, soll mich mehr und mehr prägen und bestimmen. Diese Haltung bedeutet **Ehrfurcht vor Gott.** Dies weniger im Sinn von Angst vor Gott, sondern vielmehr im Sinn eines respektvollen Staunens: In Jesus liebt Gott mich und dient mir! Diese Erkenntnis fördert in mir, dass auch ich ihn lieben und ihm dienen möchte. Die erfahrene Rechtfertigung zieht den Wunsch zur Heiligung nach sich.

Es gibt zwei weitere Texte im Neuen Testament, die das Stichwort „Tempel Gottes“ auf die christliche Gemeinde beziehen. Sie unterstreichen und verdeutlichen das Gesagte:

- 1 Kor 3,16-18 bezieht sich auf die Exklusivität der Christusverehrung – der Abschnitt steht in direktem Zusammenhang mit der Aussage, dass Jesus das alleinige Fundament der Gemeinde ist (vgl. Kapitel 4): „Wisst ihr nicht, dass ihr der Tempel Gottes seid und dass Gottes Geist in eurer Mitte wohnt? Wer den Tempel Gottes zerstört, zerstört sich damit selbst, weil er Gottes Gericht über sich bringt. Denn Gottes Tempel ist heilig, und dieser heilige Tempel seid *ihr.*“

  Die Gemeinde ist der Ort, wo Gott wohnt, sie ist der Herrschaftsbereich des Heiligen Geistes. Zerstört wird sie durch diejenigen, die anderes als Jesus Christus in ihre Mitte setzen wollen. Wer das versucht, macht sich an der Heiligkeit Gottes schuldig, denn er tastet Gottes Eigentum, Gottes Augapfel, an. Das bedeutet seinen Untergang.

- 1 Kor 6,18-20 thematisiert dagegen die Lebensweise von Christen, die der Heiligkeit Gottes entsprechen wollen. Hier weitet Paulus den Gedanken, dass die Gemeinde der Tempel Gottes ist, aus auf den Einzelnen und den menschlichen Körper, den er als „Tempel des Heiligen Geistes“ bezeichnet. Auch mit ihm sollen Christen Gott loben. Die Gemeinde ist „Tempel des Heiligen Geistes“, weil jedes einzelne Gemeindeglied „Tempel des Heiligen Geistes“ ist.

  „Lasst euch unter keinen Umständen zu sexueller Unmoral verleiten! Was immer ein Mensch für Sünden begehen mag – bei keiner Sünde versündigt er sich so unmittelbar an seinem eigenen Körper wie bei sexueller Unmoral. Habt ihr denn vergessen, dass euer Körper ein Tempel des Heiligen Geistes ist? Der Geist, den Gott euch gegeben hat, wohnt in euch, und ihr gehört nicht mehr euch selbst. Gott hat euch als sein Eigentum erworben; denkt an den Preis, den er dafür gezahlt hat! Darum geht mit eurem Körper so um, dass es Gott Ehre macht!"

Der an Jesus Glaubende ist Gottes Eigentum. Er gehört nun nicht mehr sich selbst, sondern Gott. Denn der Heilige Geist wohnt in ihm und bestimmt ihn, nicht mehr die eigenen Wünsche oder Triebe. Darum ist außerehelicher Sexualverkehr Sünde, Selbstbeherrschung dagegen eine Frucht des Geistes (vgl. Gal 5,22f). Dies ist ein Beispiel, welche Konsequenz es hat, wenn Menschen Jesus nachfolgen, den Gott für sie hat kreuzigen lassen. Dieser Kaufpreis war enorm hoch! Darum leben Christen kein „anything goes", sondern gemeinsam in der Gemeinde ein „what would Jesus like" – „was Gott Ehre macht".

Zusammenfassung: Ihr seid Gottes Tempel, weil Gott in Jesus Christus hier in der Gemeinde anwesend ist. Dieses Wissen der Nähe Gottes veranlasst Christen dazu, dass sie auch mit ihrem alltäglichen praktischen Leben Gott ehren wollen. Sie wollen, dass sich Gottes Heiligkeit in ihrem Leben widerspiegelt.

6 Ihr seid lebendige Steine

1. Petrus 2,4-10

EINSTIEG

(15–20 Minuten). Wählen Sie bitte eine oder zwei Fragen aus.

1. Steine können faszinieren. Vielleicht haben Sie irgendwo einen besonderen Stein liegen – im Garten, im Wohnzimmer. Manche Menschen verbinden mit Steinen Erlebnisse. Können Sie eines erzählen?

2. Vielleicht konnten Sie schon mal einem Steinmetz bei der Arbeit zuschauen, wenn er einem Stein „Leben einhaucht“, aus ihm ein Kunstwerk macht? Das erfordert akribische Arbeit mit Fingerspitzengefühl. Wie geht er bei seiner Arbeit vor?

3. Fast jeder hat schon mal ein Haus gebaut – im Spiel mit Bauklötzen oder aber mit richtigen Steinen. Was inspiriert und motiviert dazu? Worauf kommt es beim Hausbau an?

BIBELTEXT

Eingebaut

4 Kommt zu ihm! Er ist jener lebendige Stein, den die Menschen für unbrauchbar erklärten, aber den Gott selbst ausgewählt hat und der in seinen
Augen von unschätzbarem Wert ist. 5 Lasst euch selbst als lebendige Steine
in das Haus einfügen, das von Gott erbaut wird und von seinem Geist erfüllt
ist. Lasst euch zu einer heiligen Priesterschaft aufbauen, damit ihr Gott Opfer darbringen könnt, die von seinem Geist gewirkt sind – Opfer, an denen
er Freude hat, weil sie sich auf das Werk von Jesus Christus gründen.

6 Gott sagt ja in der Schrift: „Seht, ich verwende für das Fundament auf dem
Zionsberg einen Grundstein von unschätzbarem Wert, den ich selbst ausgewählt habe. Wer ihm vertraut, wird vor dem Verderben bewahrt werden.“

7 Euch also, die ihr glaubt, kommt der Wert dieses Steins zugute. Doch
was ist mit denen, die an ihrem Unglauben festhalten? Es heißt in der
Schrift: „Der Stein, den die Bauleute für unbrauchbar erklärten, ist zum
Eckstein geworden.“

8 Und an einer anderen Stelle heißt es: „Es ist ein Stein, an dem sich die
Menschen stoßen, ein Fels, an dem sie zu Fall kommen.“

Sie stoßen sich an diesem Stein, wie es allen bestimmt ist, die nicht bereit sind, Gottes Botschaft Glauben zu schenken.

9 Ihr jedoch seid das von Gott erwählte Volk; ihr seid eine königliche
Priesterschaft, eine heilige Nation, ein Volk, das ihm allein gehört und den
Auftrag hat, seine großen Taten zu verkünden – die Taten dessen, der euch

aus der Finsternis in sein wunderbares Licht gerufen hat. [10] Früher wart ihr nicht Gottes Volk – jetzt seid ihr Gottes Volk. Früher wusstet ihr nichts von seinem Erbarmen – jetzt hat er euch sein Erbarmen erwiesen.

BIBELGESPRÄCH

(30–40 Minuten). Wählen Sie ggf. unter den Fragen aus.

1. Was ist ein „lebendiger Stein"? Was meint dieses eigentümliche Bild?

2. Wenn zuerst Jesus mit dem Bild eines „lebendigen Steines" charakterisiert wird, dann aber auch wir: Was sagt das über unser Wesen?

3. Inwiefern opfern wir Christen heute? Wie sieht unsere Tätigkeit als Priester aus?

4. Was umschreibt das Wort „heilig" im Zusammenhang mit einem Priester?

5. Welche Rolle spielt der Heilige Geist im Haus Gottes?

6. Erklären Sie bitte die Funktion eines Eck- bzw. Grundsteins! Vielleicht zeichnen Sie dazu eine kleine Skizze. Im zweiten Schritt übertragen Sie die Funktion eines Ecksteins auf Jesus! Was sagt das über Jesus aus?

7. Nach diesem Text gibt es zwei Gruppen von Menschen. Was bedeutet der Eckstein Jesus für die, die ihm vertrauen, und für die, die ihm nicht vertrauen? Erklären Sie bitte, was in V. 8 mit „stoßen" und mit „zu Fall kommen" gemeint ist!

8. Die Formulierung „ihr seid" kommt in diesem Text häufig vor. Welche Bilder und Vergleiche werden für uns Christen verwendet? Was bedeuten sie? Wo finden Sie sich dabei wieder, was ist Ihnen eher fremd? Beachten Sie, dass immer die Mehrzahl verwendet wird! Was besagt das?

9. Schauen Sie auf Ihr Leben zurück und versuchen Sie, das „früher" und das „jetzt" aus V. 10 in Ihrem Leben zu sehen und zu beschreiben! Manche, die in christlichen Familien groß geworden sind, sagen, sie kennen kein Früher ohne Jesus. Inwiefern könnte Ihnen der Satz helfen: „Gott hat keine Enkelkinder, nur Kinder"?

10. Wie erleben Sie, dass Gott Ihnen sein Erbarmen erweist?

AUSTAUSCH

(15–30 Minuten) Wählen Sie ggf. unter den Fragen aus. Sie können das Gespräch mit einem gemeinsamen Gebet abschließen.

1. Wenn Steine nebeneinander verbaut sind, kommt es mitunter zu Spannungen. Gibt es etwas, woran Sie sich bei einem Ihrer Gruppenmitglieder oder bei jemandem aus Ihrer Gemeinde stoßen? Wie gehen Sie damit um? Wie könnten Sie eine Reibungsenergie positiv nutzen?

2. Wenn Sie ein Priester sind, wie sehen die Opfer aus, die Sie Gott darbringen? Wollen Sie sich für die nächste Woche etwas vornehmen?

3. Wie erfüllen Sie den Auftrag aus V. 9, Gottes „große Taten zu verkünden"? Inwiefern kann Ihnen dabei die Metapher Licht und Finsternis helfen?

ERLÄUTERUNGEN

Zusammenhang des Textes: Charakteristisch für den 1. Petrusbrief ist, dass er in seiner Gedankenführung eher unstrukturiert ist, weniger thematisch gegliedert. Seine Ausführungen kreisen um die beiden Pole, welche Stellung Christen vor Gott haben und wie sie ihren Glauben in einer teilweise feindseligen Umwelt bewähren können. Entsprechend finden sich viele Aufforderungen in diesem Brief.

In 2,2f wurden Christen mit neugeborenen Kindern verglichen, die auf nahrhafte Milch angewiesen sind – ein Bild für das kräftigende und lehrreiche Wort Gottes. Im Folgenden werden sie mit weiteren Dingen und Personen verglichen.

2,4: Kommt zu ihm! Er ist jener lebendige Stein, den die Menschen für unbrauchbar erklärten, aber den Gott selbst ausgewählt hat und der in seinen Augen von unschätzbarem Wert ist. Petrus fordert seine Leser auf zu kommen. Wohin? Das wird nicht ausdrücklich benannt, doch der Zusammenhang macht klar: zu Jesus Christus. Warum sollen wir in seine Nähe kommen, Gemeinschaft mit ihm haben?

Jesus wird mit einem **Stein** verglichen. Das weckt erst mal Gedanken wie leblos, hart, kalt, ... Was können wir von ihm schon erwarten? Oft wird er verkannt. Von außen kann Jesus unscheinbar wirken, darum erklären viele ihn für **unbrauchbar**. Sie meinen, mit ihm nichts Vernünftiges anfangen zu können: „Er ist zu nichts nütze. Weg mit ihm!" Das zeigte sich schon damals bei seiner Kreuzigung und das zeigt sich bis heute, wenn Menschen ihn ablehnen.

Doch es geht nicht um Jesu Aussehen, es geht um seine Eigenschaft als Stein. Denn in Wahrheit ist er ein **lebendiger Stein**. Hier bricht das Bild, denn ein lebendiger Stein ist ein Paradox. Das sprengt unsere Erfahrung. Seine Lebendigkeit ist sein entscheidendes Merkmal. Über Jesus wird gesagt (Joh 1,4): „In ihm war das Leben, und dieses Leben war das Licht der Menschen." Seine Lebendigkeit zeigt sich, indem er zum Leben verhilft. Das haben viele erlebt, die er geheilt hat. Doch seine Lebendigkeit zeigt sich auch darin, dass er aufersteht – nicht mal der Tod kann ihn töten. Und als Leben in Person macht er auch andere in dem Sinn lebendig, dass er ihnen ewiges Leben gibt. Darum ist er **in Gottes Augen von unschätzbarem Wert**. Und es lohnt sich für uns Christen, immer wieder zu ihm zu kommen. Wir leben aus ihm und durch ihn.

Es geht in diesem Vergleich also weniger um Äußeres, dass Jesus wertvoll wäre wie ein Edelstein, sondern um seine lebensspendende Funktion für uns, die wir mit ihm in Beziehung stehen.

2,5: Lasst euch selbst als lebendige Steine in das Haus einfügen, das von Gott erbaut wird und von seinem Geist erfüllt ist. Lasst euch zu einer heiligen Priesterschaft aufbauen, damit ihr Gott Opfer darbringen könnt, die von seinem Geist gewirkt sind – Opfer, an denen er Freude hat, weil sie sich auf das Werk von Jesus Christus gründen. Petrus schwenkt von der gedanklichen Verknüpfung des Steines mit Jesus zu uns Christen: Nun vergleicht er auch uns mit **lebendigen Steinen**. Doch unsere Lebendigkeit ist immer abgeleitet. Wer mit dem lebendigen Stein in Berührung kommt, dem haucht er Leben ein. Wenn er bei einem Menschen ins Spiel kommt, verleiht er einem an sich leblosen Stein Leben.

Dabei fordert er uns auf: **Lasst euch einfügen!** Ein Christ soll nicht wie ein einzelner Stein herumliegen, sondern ein Teil des Hauses Gottes sein. Gott ist dabei selber der Maurer, der uns Steine in sein **Haus**, in seine Gemeinde, integriert. Sein Ziel ist unsere Gemeinschaft mit dem einen lebendigen Stein und den anderen lebendigen Steinen. Anders als ein toter Stein soll jeder Christ seinen Platz in der Gemeinde finden und seine Aufgabe, die er tun soll. So wird er als Stein andere tragen und selbst getragen werden. Das Haus Gottes ist eine Dienstgemeinschaft.

In Gottes Haus weht Gottes **Geist**. Er **erfüll**t es. Dort sind seine Wirkungen zu erleben. Er ist es, der in mir den Wunsch weckt, mich einbauen zu lassen, und er ist es, der im Haus Gottes vollbringt, dass die einzelnen Steine sich nicht aneinander stoßen, sondern einander dienen.

Um weiter auszuführen, was die Aufgabe in dieser Gemeinschaft ist, wird das Bild gewechselt. Anstatt mit einem Gegenstand vergleicht Petrus nun mit einer Person. Wiederum werden wir zu etwas aufgefordert, das wir nur mithilfe des Heiligen Geistes tun können. Er sagt: Wir sollen uns zu einer **heiligen Priesterschaft aufbauen lassen**. Priester sind herausgehobene Menschen. Sie lösen sich aus ihren ursprünglichen häuslichen, familiären, beruflichen ... Zusammenhängen, um bei Gott in seinem Tempel zu sein. Dabei haben sie eine doppelte Aufgabe: Gott dienen, indem sie ihm Opfer darbringen. Und den Menschen dienen, indem sie sie segnen und ihnen Gottes Gesetz verkünden. Ihre Aufgabe ist es, zwischen Gott und den Menschen zu vermitteln. Heilig sind sie, weil sie zum Heiligen gehören. Für Gott sind sie ausgesondert.

Opfer darzubringen ist die eigentliche Aufgabe eines Priesters. Früher waren dies hauptsächlich Tieropfer, es gab aber auch vegetarische Opfer und Trankopfer. Die Opfer aber, die wir Christen als Priester Gott darbringen sollen, werden zweifach charakterisiert: Zum einen sind sie Opfer, die **von Gottes Geist gewirkt sind**, zum anderen machen sie Gott Freude, weil sie sich **auf das Werk von Jesus Christus gründen**. Geistgewirkte Opfer und auf Jesus gegründete Opfer sind keine Tieropfer wie im Alten Testament. Gottes Geist will Jesus in den Mittelpunkt rücken, das, was er für uns Menschen am Kreuz getan hat. Jesu Werk, seine Liebe zu uns und seine Hingabe für uns will er zeigen. Unser Staunen über das Werk Jesu will er dahin gehend verwandeln, dass auch wir lieben – Gott und unseren Nächsten. Wer Gott also opfert, stellt sich aus Dankbarkeit ihm zur Verfügung, sodass Gott ihn formen und gebrauchen darf. Solch ein Opfer gefällt Gott.

Wie können solche Opfer konkret aussehen?

- Hingabe – Röm 12,1: „Ich habe euch vor Augen geführt, Geschwister, wie groß Gottes Erbarmen ist. Die einzige angemessene Antwort darauf ist die, dass ihr euch mit eurem ganzen Leben Gott zur Verfügung stellt und euch ihm als ein lebendiges und heiliges Opfer darbringt, an dem er Freude hat. Das ist der wahre Gottesdienst, und dazu fordere ich euch auf."

- Gebet – Ps 141,2: „Nimm mein Gebet an wie den Duft geopferten Weihrauchs; und wenn ich meine Hände zu dir emporhebe, dann sei es für dich wie ein Speiseopfer am Abend."

- Dank – Ps 50,14: „Zeige Gott deinen Dank – das ist das Opfer, das ihm gefällt!" Ps 50,23: „Wer mir seinen Dank zeigt, der bringt mir ein Opfer dar, das mich ehrt."

- Lob und Bekenntnis – Hebr 13,15: „Durch Jesus nun wollen wir Gott ein immerwährendes Dankopfer darbringen: Wir wollen ihn preisen und uns zu seinem Namen bekennen."

- Gutes tun – Hebr 13,16: „Und vergesst nicht, Gutes zu tun und einander zu helfen! Das sind die Opfer, an denen Gott Freude hat."

- Verkündigung – Röm 15,16: „Indem ich ihnen das Evangelium Gottes bekannt mache, erfülle ich gewissermaßen einen priesterlichen Auftrag; denn sie sollen eine Opfergabe werden, an der Gott Freude hat, eine Opfergabe, die durch den Heiligen Geist geheiligt ist."

Diese Opfer darzubringen, ist der Lebenszweck der Gemeinde Jesu.

2,6: Gott sagt ja in der Schrift: „Seht, ich verwende für das Fundament auf dem Zionsberg einen Grundstein von unschätzbarem Wert, den ich selbst ausgewählt habe. Wer ihm vertraut, wird vor dem Verderben bewahrt werden." Mit einem Zitat (Jes 28,16) kehrt Petrus zurück zum Wert und zur Bedeutung Jesu. Die Bezeichnung **Zionsberg** erinnert an den Tempel, in dem Priester für Gott Opfer dargebracht haben. Der ganze Tempelkult bekommt durch Jesu Werk eine neue Basis. Jesus ist nicht nur der eine lebendige Stein, sondern auch der **Grundstein** dieses Tempelberges und des auf ihm stattfindenden Kultes.

Um sich die zentrale Rolle eines Grund- bzw. Ecksteins zu verdeutlichen, stellen Sie sich einen Hang vor. Dort soll ein Haus gebaut werden. Dies kann man auf zwei Arten tun: Entweder man gräbt in den Berg hinein und erhält so eine ebene Fläche. Oder man setzt an einem Punkt am Hang einen Grundstein, auf dem weitere Steine wie zu einer Säule nach oben geschichtet werden. Darauf wird dann mit Balken und Brettern eine ebene Fläche geschaffen. In diesem Fall trägt der Grund- bzw. Eckstein die gesamte Konstruktion, d.h. das volle Gewicht und die komplette Statik.

Wenn Jesus nun mit einem Grundstein verglichen wird, hat er die Aufgabe dieses zentralen Steins, der alles trägt. Darum ist er **von unschätzbarem Wert**, weil alles auf ihm ruht. Gott hat Jesus ausgewählt, diese tragende Rolle zu spielen. Er wird zum Fundament des gesamten Opferkultes, den seine Gemeinde als Priester ausführt. An seinem Werk, seinem Tod und seiner Auferstehung, hängt der Gottesdienst und der Dienst am Nächsten.

Wer Jesus diese Rolle zugesteht und vom Heiligen Geist getrieben ihm **vertraut**, der ist gerettet, der hat Vergebung, den erwartet auch der Himmel. Nicht **Verderben** heißt dann seine Perspektive, sondern Gott beschenkt schon jetzt mit seiner ewigen Nähe und Herrlichkeit. An ihn glauben heißt, sich auf ihn gründen.

2,7+8: Euch also, die ihr glaubt, kommt der Wert dieses Steins zugute. Doch was ist mit denen, die an ihrem Unglauben festhalten? Es heißt in der Schrift: „Der Stein, den die Bauleute für unbrauchbar erklärten, ist zum Eckstein geworden." Und an einer anderen Stelle heißt es: „Es ist ein Stein, an dem sich die Menschen stoßen, ein Fels, an dem sie zu Fall kommen." Sie stoßen sich an diesem Stein, wie es allen bestimmt ist, die nicht bereit sind, Gottes Botschaft Glauben zu schenken. Die Menschheit teilt sich in zwei Lager: die, die glauben, und die, die nicht glauben. Wie bei den beiden, die mit Jesus gekreuzigt wurden (vgl. Lk 23,39-43). Für die einen ist Jesus wertvoll, eine unermessliche Kostbarkeit. Für sie ist er das Fundament, auf dem sie ihr Leben aufbauen. Aber was ist mit den anderen, **die an ihrem Unglauben festhalten**? Für sie ist Jesus wie ein Stein, der sie buchstäblich überrollt. Der eine Stein hat für beide Folgen, doch mit entgegengesetzter Wirkung. Mit einem Doppelzitat (Ps 118,22; Jes 8,14) wird Jesu Bedeutung für sie herausgestellt: Obwohl sie ihn wie Bauleute beim Auswählen geeigneter Steine verworfen haben, ist und bleibt er der Eckstein. Er hat diese Rolle, auch wenn sie dies nicht anerkennen und wahrhaben wollen. Darum **stoßen sie sich an ihm** und **kommen an ihm zu Fall**. Zwei Aussagen ihrer Vernichtung. Weil sie sich bewusst gegen den Willen Gottes stellen und nicht respektieren, dass Gott in seiner souveränen Macht diesen Grundstein auch ihnen gesetzt hat, darum werden sie an ihm zugrunde gehen. Für sie heißt es am Ende: Verderben! Keine Perspektive der ewigen Nähe und Herrlichkeit Gottes, sondern die Aussicht auf ewiges Verlorensein. So hat Gott es bestimmt. Der Glaube an Jesus ist allein entscheidend.

2,9: Ihr jedoch seid das von Gott erwählte Volk; ihr seid eine königliche Priesterschaft, eine heilige Nation, ein Volk, das ihm allein gehört und den Auftrag hat, seine großen Taten zu verkünden – die Taten dessen, der euch aus der Finsternis in sein wunderbares Licht gerufen hat. Doch Petrus will nicht bei denen stehen bleiben, die Jesus ablehnen, sondern er nimmt noch einmal die in den Blick, die an Jesus glauben. Mit mehreren Aussagen macht er ihnen ihren Status bei Gott klar. Dabei benutzt er viermal die Formulierung „ihr seid". Er bündelt geradezu, wie sie sich selbst sehen dürfen, um anschließend einen Auftrag für sie abzuleiten. Wieder steht in allen Aussagen nicht die Einzahl, sondern die Mehrzahl wird betont.

- **Ihr seid das von Gott auserwählte Volk:** Nicht mehr Israel allein ist Gottes auserwähltes Volk, sondern alle Glaubenden (vgl. Kapitel 1). Welch eine Würde misst Gott ihnen zu! Denn Auserwählte sind sie durch Gottes Wahl. Diese beruht nicht auf einer besonderen Qualität, die sie hätten, sondern allein auf der Gnade Gottes.

- **Ihr seid eine königliche Priesterschaft:** Christen sind Priester, die Gott opfern (s.o.). Doch sie dienen dem König! Dies ist ein Machtanspruch, der Jesus als alleinig legitimen Regenten darstellt. Königlich sind seine Priester, weil sie zu ihm, dem König, gehören und an seiner Königsherrschaft Anteil haben.

- **Ihr seid eine heilige Nation:** Christen sind heilig, zum Dienst für Gott ausgesondert (s.o.).

- **Ihr seid ein Volk, das ihm allein gehört:** Christen gehören nur Gott. Kein anderer kann einen Besitzanspruch erheben. Sie gehören auch nicht sich selbst. Darum sind sie auch nur ihm allein verantwortlich. In einer bedrängenden Situation mit Christenverfolgung ist das eine Zusage, die entlasten und hoffnungsvoll stimmen kann. Denn sie dürfen wissen: Gott wacht über seinen Besitz. Vor Gegnern brauchen sie sich darum nicht zu ducken. Sie können offen und mutig zu ihrem Gott stehen. Er passt auf sie auf.

Welch eine Würde misst Gott seinen Christen bei!

Weil sie dies alles sind, beruft ihr Herr sie zu einem besonderen **Auftrag: seine großen Taten zu verkünden.** Gottes Heilstaten, d.h. die Geschichte des Heils, die er in Jesus geschrieben hat, sollen weithin zu hören sein. Seine großen Taten gipfeln in Kreuz und Auferstehung. Lebendige Steine machen in dem ihnen möglichen Radius bekannt, wer Gott ist und was dieser Gott in Jesus Wundervolles vollbracht hat. Als lebendige Steine posaunen sie es voller Energie hinaus. Es ist ihnen ein inneres Bedürfnis zu erzählen, welch eine Wohltat es für sie ist, Jesus als Grundstein im Leben zu haben.

Christ zu werden kommt einem Ortswechsel gleich: Ich bin herausgerufen aus der **Finsternis** und hineingerufen in Gottes **wunderbares Licht.** Finsternis ist Gottesferne, Licht ist Gottesnähe. Von ihm bin ich angestrahlt, gesehen und willkommen. In seinem Licht verwandelt sich meine Mutlosigkeit in ein hoffnungsvolles Nach-vorne-Schauen, aus Perspektivlosigkeit wird Orientierung, statt finstere Kälte erlebe ich seine helle Wärme. Zum Staunen und Jubeln!

2,10: Früher wart ihr nicht Gottes Volk – jetzt seid ihr Gottes Volk. Früher wusstet ihr nichts von seinem Erbarmen – jetzt hat er euch sein Erbarmen erwiesen. Christen kennen ein Vorher und Nachher, ein Einst und Jetzt. **Früher** waren sie gottlos, **jetzt** hat Gott sie ergriffen. **Früher** kannten sie Gott und seine Liebe zu ihnen nicht, **jetzt** erleben sie, was Gnade ist, und freuen sich an Gottes Erbarmen. **Früher** sah ihr Fundament anders aus, ohne Gemeinschaft mit Jesus und ohne dieses von Jesus geprägte Miteinander in der Gemeinde, **jetzt** sind sie Gottes Volk, d.h. sein Eigentum. Den Unterschied erkennen sie freilich nur in der Rückschau.

An Gottes Hand wird für Christen aus Trostlosigkeit unbändige Freude. Denn sie wissen: Er ist der, der meine Vergangenheit liebevoll anschaut, der meine Gegenwart durch seinen Geist mitgestaltet, der mir Zukunft eröffnet auch über meinen Tod hinaus. In solchem Wissen können sie fröhliche Zeugen der groß[artig]en Taten Gottes sein.

Zusammenfassung: Ihr seid lebendige Steine. Diese Lebendigkeit bekommen Christen von ihrem Gott, weil sie sich auf den einen lebendigen Grundstein stellen. Im Haus Gottes, d.h. in seiner Gemeinde, spielt Jesus diese zentrale Rolle. Christen lassen sich in Gottes Haus einbauen und erhalten von ihm Lebendigkeit zu einem Leben für Gott und füreinander.

Ihr seid ein Körper

1. Korinther 12,12-26

7

EINSTIEG

(15–20 Minuten). Wählen Sie bitte eine oder zwei Fragen aus.

1. Denken Sie bitte an einen Menschen, dem ein oder mehrere Körperteile fehlen, angenommen ein Arm. Wie meistert er seinen Alltag? Was kann er und was kann er nur mithilfe eines anderen? Wobei braucht er besondere Hilfe?

2. Vielleicht haben Sie sich in letzter Zeit geschnitten, z. B. in den Finger – oder waren krank, z. B. die Nase lief? Überlegen Sie: Wie reagiert der Körper oder einzelne Körperteile, wenn ein anderes Körperteil beeinträchtigt ist?

3. Wie gehen Sie mit Unterschieden von Menschen um? Inwiefern finden Sie Unterschiede spannend und attraktiv oder hemmen sie Sie? Wie viel Unterschiedlichkeit verträgt eine Gemeinde bzw. eine Kleingruppe?

4. Versetzen Sie sich bitte in eine Gemeindesituation, in der Spannungen herrschen und einzelne Gemeindeglieder miteinander zerstritten sind. Solch eine Gemeinde wirkt nach außen wenig attraktiv. Dabei soll unter Christen Gottes Geist herrschen und durch ihr Vorbild sollen andere zum Glauben an Jesus finden. Was würden Sie zerstrittenen Gemeindegliedern sagen? Wie könnten sie zur Versöhnung finden?

BIBELTEXT

Einheit mit Vielfalt

12 Denkt zum Vergleich an den menschlichen Körper! Er stellt eine Einheit
dar, die aus vielen Teilen besteht; oder andersherum betrachtet: Er setzt
sich aus vielen Teilen zusammen, die alle miteinander ein zusammenhängendes Ganzes bilden. Genauso ist es bei Christus. 13 Denn wir alle – ob
Juden oder Nichtjuden, Sklaven oder Freie – sind mit demselben Geist getauft worden und haben von derselben Quelle, dem Geist Gottes, zu trinken
bekommen, und dadurch sind wir alle zu *einem* Leib geworden.

14 Und wie jeder Körper besteht dieser Leib aus vielen Teilen, nicht nur
aus einem. 15 Wenn der Fuß behaupten würde: „Weil ich nicht die Hand bin,
gehöre ich nicht zum Körper!“, würde er trotzdem nicht aufhören, ein Teil
des Körpers zu sein. 16 Und wenn das Ohr behaupten würde: „Weil ich nicht
das Auge bin, gehöre ich nicht zum Körper!“, würde es trotzdem nicht aufhören, ein Teil des Körpers zu sein. 17 Wenn der ganze Körper nur aus Augen

bestünde, wo bliebe dann das Gehör? Wenn er nur aus Ohren bestünde, wo bliebe der Geruchssinn? [18] Tatsache jedoch ist, dass Gott, entsprechend seinem Plan, jedem einzelnen Teil eine besondere Aufgabe innerhalb des Ganzen zugewiesen hat. [19] Was wäre das schließlich für ein Körper, wenn alle Teile dieselbe Aufgabe hätten? [20] Aber so ist es ja nicht. Es gibt einerseits viele verschiedene Teile und andererseits nur *einen* Körper.

[21] Das Auge kann nicht einfach zur Hand sagen: „Ich brauche dich nicht!" oder der Kopf zu den Füßen: „Ich brauche euch nicht!" [22] Nein, gerade die Teile des Körpers, die schwächer zu sein scheinen, sind besonders wichtig; [23] gerade den Teilen, die wir für weniger ehrenwert halten, schenken wir besonders viel Aufmerksamkeit; gerade bei den Teilen, die Anstoß erregen könnten, achten wir besonders darauf, dass sie sorgfältig bedeckt sind [24] (bei denen, die keinen Anstoß erregen, ist das nicht nötig). Gott selbst, der die verschiedenen Teile des Körpers zusammengefügt hat, hat dem, was unscheinbar ist, eine besondere Würde verliehen. [25] Es darf nämlich im Körper nicht zu einer Spaltung kommen; vielmehr soll es das gemeinsame Anliegen aller Teile sein, füreinander zu sorgen. [26] Wenn *ein* Teil des Körpers leidet, leiden alle anderen mit, und wenn *ein* Teil geehrt wird, ist das auch für alle anderen ein Anlass zur Freude.

BIBELGESPRÄCH

(30–40 Minuten). Wählen Sie ggf. unter den Fragen aus.

1. Welche Gaben hat Gottes Geist Ihnen geschenkt? Schreiben Sie sie jeder für sich auf! Anschließend tauschen Sie sich über Ihre Begabungen aus. Wie sehen Sie die anderen? Wie sehen andere Sie? Eine Einschätzung durch unsere Mitmenschen kann ergänzen, ermutigen, korrigieren.

2. Was halten Sie von dem Gedanken, dass Gott bewusst Gaben unterschiedlich verteilt? Welche Absicht könnte er haben, wenn er manchen mehr schenkt als anderen?

3. Wie denken Sie über den Zusammenhang von Gabe und Aufgabe? Wie passt der Begriff Hingabe dazu?

4. Wie denken Sie darüber, wenn Paulus sagt, dass Gott es ist, der Menschen in die Gemeinde einfügt? Was aber, wenn sie kompliziert sind, unkonventionell, anstrengend, herausfordernd für den Rest der Gemeinde? Wo ist für Sie eine Grenze des Erträglichen erreicht? Wie verträglich sind diese für die anderen?

5. Wie gehen Sie mit Minderwertigkeitsgefühlen um, wenn Sie solche kennen? Was könnte Sie stärken und selbstbewusster machen?

6. Denken Sie darüber nach, ob es Personen gibt, auf die Sie neidisch sind, weil sie etwas können, das Sie nicht können, es aber gerne können würden! Wie gehen Sie mit Ihrem Neid um? Wie begegnen Sie den von Ihnen Beneideten?

7. Gibt es in Ihrer Gemeinde einen Menschen, den Sie am liebsten loshaben wollten? Was wäre, wenn er oder sie nicht mehr da wäre? Wäre das ein Gewinn für das Ganze? Wie groß wäre der Verlust?

8. Eine Gemeinde ohne Hierarchie, in der alle gleichrangig sind, wie kann das gelebt werden? Inwiefern kann das überhaupt gelebt werden?

9. Eine Gemeindespaltung haben schon viele Gemeinden bitter durchstehen müssen. Sehen Sie einen Zusammenhang von Einheit und Spaltung in der Sündenfallgeschichte (1Mo 3)? Warum sind in unserer von Sünde geprägten Welt Spaltungstendenzen normaler und erfolgversprechender als Einheitsbemühungen?

10. Wer in Ihrer Gemeinde scheint schwach zu sein, wird für weniger ehrenwert gehalten oder erregt sogar Anstoß? Wie gehen Sie mit ihm oder ihr um? Denken Sie darüber nach, ob Ihr Verhalten mit dem übereinstimmt, was Jesus von Ihnen möchte? In welchem Lebensbereich wollen Sie etwas bei sich ändern?

AUSTAUSCH

(15–30 Minuten) Wählen Sie ggf. unter den Fragen aus. Sie können das Gespräch mit einem gemeinsamen Gebet abschließen.

1. Wie erleben Sie Fürsorge in Ihrer Gemeinde oder in Ihrer Gruppe? Könnten Sie es sich vornehmen, für eine bestimmte Person mehr Fürsorge zu übernehmen? Wie sähe das konkret aus?

2. Wie können Sie für sich erreichen, dass Sie mehr mit anderen mitleiden und sich mit anderen mitfreuen? Inwiefern ist das für Sie überhaupt ein erstrebenswertes Ziel?

3. Einheit kontra Spaltung. Sehen Sie in Ihrer Gemeinde/Gruppe Spaltungstendenzen? Wie motiviert Sie das Bild vom Körper mit seinen verschiedenen Körperteilen, Einheit anzustreben? Was denken Sie über den Satz: Wir sind Komplizen, nicht Konkurrenten!

Zusammenhang des Textes: Der Apostel Paulus hatte auf seiner 2. Missionsreise auch in der griechischen Stadt Korinth eine christliche Gemeinde gegründet (vgl. Apg 18). Doch nun ist diese Gemeinde zerstritten und die Gefahr einer Gemeindespaltung groß (vgl. 1Kor 1,10; 11,18f; 12,25). Zwei Delegationen besuchen Paulus und tragen ihm Fehlentwicklungen und Fragen vor (vgl. 1Kor 1,11 und 16,17). Mit seinem Brief reagiert Paulus und versucht, die Dinge zu klären. Fragen zum Gottesdienst bespricht Paulus in den Kapiteln 11–14, wobei Kapitel 11 und 14 den Rahmen bilden (Kapitel 11: die Frage nach der Beteiligung von Frauen im Gottesdienst und wie angemessen Abendmahl gefeiert werden kann; Kapitel 14: Zungenrede kontra prophetische Rede im Gottesdienst). Innerhalb dieses Rahmens konkretisiert Paulus sein Gemeindeverständnis. Nachdem er in 12,8-10 unterschiedliche Geistesgaben benennt und sie auf ihren gemeinsamen Ursprung zurückführt, rahmt und resümiert er mit den Versen 7 und 11 in drei Punkten: (1.) Gaben haben den Charakter von Geschenken, die der Heilige Geist zuteilt. (2.) Jeder Christ hat Gaben, doch wer welche bekommt, entscheidet nicht der Mensch, sondern Gottes souveräner Geist. Darum kann sich keiner etwas auf seine Gaben einbilden. (3.) Gaben sind nicht primär zum Eigenzweck gedacht, sondern zum Gebrauch für andere.

Doch weitere Fragen stellen sich: Wie kann der Einsatz der verschiedenen Gaben innerhalb der Gemeinde sinnvoll und zum Nutzen für andere geschehen? Wie gelingt Gemeinde? Paulus antwortet mit einem anschaulichen Vergleich:

12,12: Denkt zum Vergleich an den menschlichen Körper! Er stellt eine Einheit dar, die aus vielen Teilen besteht; oder andersherum betrachtet: Er setzt sich aus vielen Teilen zusammen, die alle miteinander ein zusammenhängendes Ganzes bilden. Genauso ist es bei Christus. Die menschliche Anatomie basiert auf dem Zusammenspiel jedes einzelnen Organs und Körperteils mit den anderen. Jedes einzelne Körperteil hat sich der Schöpfer für eine spezifische Aufgabe ausgedacht. Damit ist es aber angewiesen auf Ergänzung. **Einheit** im Körper entsteht durch Abhängigkeit. Nur gemeinsam können sie das Ganze des Körpers am Leben erhalten. Alleine ist ein Herz oder ein Arm nichts, erst das Miteinander aller Teile macht den Körper zu dem, was er ist: ein funktionierendes Gebilde, in dem eins ins andere greift. Damit das gelingt, ist jede einzelne Körperfunktion wichtig und trägt zum Erfolg bei. Fehlt im Umkehrschluss ein Organ, ist der ganze Körper beeinträchtigt. Er wird krank, womöglich stirbt er.

Das Geheimnis des menschlichen Körpers heißt: Zusammenarbeit, Zuarbeit, Teamwork. Diesen Gedanken überträgt Paulus im Folgenden auf die christliche Gemeinde.

12,13-14: Denn wir alle – ob Juden oder Nichtjuden, Sklaven oder Freie – sind mit demselben Geist getauft worden und haben von derselben Quelle, dem Geist Gottes, zu trinken bekommen, und dadurch sind wir alle zu *einem* Leib geworden. Und wie jeder Körper besteht dieser Leib aus vielen Teilen, nicht nur aus einem. Christliche Gemeinde besteht aus vielen Einzelnen, die auf eine gemeinsame Mitte ausgerichtet sind. Diese Mitte bestimmt ihr Miteinander. Menschliche Kategorien wie ethnische oder gesellschaftlich-soziale Unterschiede spielen in der Gemeinde Jesu keine Rolle mehr. Denn Jesus Christus ist die einigende Mitte, auf die alle in der Gemeinde fokussiert sind. Vor Gott sind alle gleich, denn Jesus verbindet alle unterschiedslos miteinander.

Mit zwei Begriffen umschreibt Paulus nun die Beziehung zu diesem verbindenden Mittelpunkt, der die Gemeinde zur Gemeinde macht. Damit nennt er zugleich Kriterien, wie man zu Jesu Leib gehört: 1. Getauft mit demselben Geist, 2. Getränkt von derselben Quelle, dem Geist Gottes. Die **Taufe** schildert die Einführung, wie man in die christliche Gemeinde hineinkommt. Vorausgesetzt ist hierbei die (Erwachsenen-)Taufe in der Missionssituation, bei der man öffentlich seinen Glauben an Jesus bezeugt. In 1Kor 12,3 stellt Paulus gegenüber, welchen Unterschied es macht, ob in einem Menschen der Heilige Geist wohnt oder nicht: Nach dem Geistempfang wird keiner Jesus verfluchen; vor dem Geistempfang kann keiner Jesus seinen Herrn nennen. D.h. dass ich sagen kann: „Ich glaube", hat zur Voraussetzung, dass der Heilige Geist von mir Besitz ergriffen hat. Die Erwachsenentaufe ist so gesehen ein willentlicher äußerer Reflex auf etwas, das im Inneren, vom Heiligen Geist angestoßen, seinen Anfang genommen hat.

Das **Trinken** von Gottes Geist als Quelle kann demgegenüber als das dauerhafte Bleiben in der Gemeinde aufgefasst werden. Das Christsein nimmt seinen Anfang mit dem ersten Schluck, will dann aber beständig mit neuer Nahrung gespeist werden, damit die Beziehung zu Jesus nicht austrocknet. Der Heilige Geist ist die eine Quelle, aus der jeder trinkt. Wenn alle mit dem einen verbunden sind, sind sie auch untereinander verbunden. Christsein ohne Gemeinde ist darum undenkbar.

Doch weil der Körper „Gemeinde" aus vielen Einzelnen besteht, kann ihre Vielfalt die Einheit gefährden. Es kann zur Trennung kommen – was für einen Körper aber völlig absurd und unnatürlich wäre. Paulus entwirft zwei konkrete Szenarien, wie Trennung innerhalb dieser geistgestifteten Einheit namens „Gemeinde Jesu" entstehen kann. Er illustriert dies anhand von fiktiven Gedankengängen bzw. Gesprächen einzelner Körperteile, um dann jeweils auf das Allgemeine zu kommen:

12,15-17: Wenn der Fuß behaupten würde: „Weil ich nicht die Hand bin, gehöre ich nicht zum Körper!", würde er trotzdem nicht aufhören, ein Teil des Körpers zu sein. Und wenn das Ohr behaupten würde: „Weil ich nicht das Auge bin, gehöre ich nicht zum Körper!", würde es trotzdem nicht aufhören, ein Teil des Körpers zu sein. Wenn der ganze Körper nur aus Augen bestünde, wo bliebe dann das Gehör? Wenn er nur aus Ohren bestünde, wo bliebe der Geruchssinn? Ein Körperteil kann sich mit einem anderen vergleichen und wird dabei Unterschiede feststellen. Zuerst lässt Paulus ein äußeres Gliedmaß (**Fuß** im Gegenüber zur **Hand**), dann ein inneres Sinnesorgan (**Ohr** im Gegenüber zum **Auge**) zu Wort kommen. Es gibt Unterschiede. Doch die Schlussfolgerung daraus kann falsch sein. Es kann Körperteile geben, die, – anstatt sich am anderen in seiner Unterschiedlichkeit zu freuen und die Ergänzung durch ihn zu sehen und anstatt sich über sich selbst als Ergänzung zum anderen zu freuen –, den falschen Schluss ziehen: „Ich bin anders als der andere! Ich kann nicht, was der andere kann! Darum habe ich keine Daseinsberechtigung in diesem Körper! Ich gehöre hier nicht her!" Der Körperteil, der so denkt, zieht sich in der Folge selbst aus der Gemeinde aufgrund von Minderwertigkeitsgefühlen zurück und sondert sich nach und nach ab. Dies führt am Ende zur Selbstamputation. Damit aber ist der Körper als Ganzer gehandicapt, behindert. Doch Gott will nicht, dass Gedanken der Minderwertigkeit regieren, sondern dass sein Wille mit der jeweiligen Beschaffenheit und Begabung jedes Einzelnen erkannt wird: Gott will bewusst Vielfalt in der von ihm gestifteten Einheit. Gott will Ergänzung, weil es unterschiedliche Aufgaben gibt. Ein Organismus ist nur dann funktionstüchtig, wenn er aus einer Vielfalt von Körperteilen besteht, die ihren von Gott zugedachten Platz kennen.

12,18-20: Tatsache jedoch ist, dass Gott, entsprechend seinem Plan, jedem einzelnen Teil eine besondere Aufgabe innerhalb des Ganzen zugewiesen hat. Was wäre das schließlich für ein Körper, wenn alle Teile dieselbe Aufgabe hätten? Aber so ist es ja nicht. Es gibt einerseits viele verschiedene Teile und andererseits nur einen Körper. Gott hat Gutes im Sinn, wenn er jeden Einzelnen mit seinen Fähigkeiten in seine Gemeinde einfügt. Gott stattet jeden Einzelnen nach seinem guten Plan mit spezifischen Gaben für bestimmte **Aufgaben** aus. Keiner kann alles, keiner soll alles. Gott liebt Vielfalt, weil es vielfältige Aufgaben gibt. Weil die Gemeinde Jesu so viel zu tun hat, darum mischen so viele mit, darum ist jeder spezifisch begabt. Ergänzung ist gewollt. Das Wir gewinnt!

Gering von sich zu denken, ist fehl am Platz. Meinen Wert bestimme weder ich selbst noch ein anderer, sondern allein Gott. Er hat mich gewollt und erschaffen. Und er adelt mich, indem er mich in seinen Leib hineinversetzt. Meine Daseinsberechtigung darf mir keiner streitig machen – auch ich selbst nicht. Dass es mich gibt, mit meinen Gaben und Fähigkeiten, soll mich dankbar und froh machen. Mein göttlicher Vater hat mich erschaffen, wie ich bin, und mich in seine Gemeinde gesetzt, wie er wollte.

Doch neben der eigenen Absonderung aus inneren Beweggründen gibt es noch eine andere Gefahr für den Körper: Trennung aufgrund äußerer Vorwürfe.

12,21: Das Auge kann nicht einfach zur Hand sagen: „Ich brauche dich nicht!" oder der Kopf zu den Füßen: „Ich brauche euch nicht!" Nun spricht ein Sinnesorgan **(Auge)** zu einem Gliedmaß **(Hand)** und der oberste Körperteil **(Kopf)** zum untersten **(Fuß).** Sie freuen sich nicht am anderen, sondern distanzieren sich von ihm. Dies ist ein Hinausdrängen aufgrund von Selbstüberschätzung. Denn sie setzen sich absolut und wollen regieren. Es herrscht Einbildung, Egoismus, Hochmutsallüren. Wird ein Körperteil so hinausgeworfen, wird der Körper fremdamputiert. Einer überhebt sich über einen anderen und urteilt ab. Auch damit ist der Leib als Ganzes behindert. Doch Gott will nicht, dass Gedanken des Egoismus regieren, sondern sein Wille auf Ergänzung und Angewiesenheit mit der jeweiligen Beschaffenheit und Begabung erkannt wird. Gott will bewusst Unterschiede und Anerkennung von Vielfalt. Die Formulierung **„kann nicht"** bedeutet: Das ist im Körper gegen die Natur und in der Gemeinde gegen Gott.

12,22-24: Nein, gerade die Teile des Körpers, die schwächer zu sein scheinen, sind besonders wichtig; gerade den Teilen, die wir für weniger ehrenwert halten, schenken wir besonders viel Aufmerksamkeit; gerade bei den Teilen, die Anstoß erregen könnten, achten wir besonders darauf, dass sie sorgfältig bedeckt sind (bei denen, die keinen Anstoß erregen, ist das nicht nötig). Gott selbst, der die verschiedenen Teile des Körpers zusammengefügt hat, hat dem, was unscheinbar ist, eine besondere Würde verliehen. Es gibt Unterschiede im Körper, die es in Demut zu akzeptieren und auszuhalten gilt. Dreifach umschreibt Paulus diejenigen Körperteile, die von Eingebildeten oft unterschätzt, übergangen oder bevormundet werden: **schwach Scheinende, weniger Ehrenwerte, Anstoß Erregende.** Vielleicht denkt Paulus im Bild des Körpers an intime Körperregionen, die wir aus gesundem Schamgefühl heraus nicht offen zeigen. Ohne Geschlechtsorgane kann sich der Körper nicht fortpflanzen. Wir hüllen sie mit unseren Kleidern besonders ein. Gott fügt in seine Gemeinde bewusst auch solche ein, die Mühe machen – an denen andere aber wachsen können. Ihnen sollten wir Wert und Würde zuerkennen, anstatt über sie hinwegzugehen und sie ausschließen zu wollen. Keiner darf dem anderen seine Daseinsberechtigung abstreiten. Es darf nicht dazu kommen, dass einer seine Person mitsamt seinen Gaben gegenüber einem anderen rechtfertigen muss. Gott ist Herr seiner Gemeinde, er allein bestimmt, wer dazugehört.

Ergänzung durch den anderen, Freude am anderen, sich beschenkt wissen mit dem anderen, das macht Gemeinde Gottes aus. Da spielt Unter- oder Überordnung keine Rolle. Prinzipiell sind im Leib Christi alle gleichrangig. Es gibt keine Hierarchie unter den Körperteilen.

12,25-26: Es darf nämlich im Körper nicht zu einer Spaltung kommen; vielmehr soll es das gemeinsame Anliegen aller Teile sein, füreinander zu sorgen. Wenn *ein* Teil des Körpers leidet, leiden alle anderen mit, und wenn *ein* Teil geehrt wird, ist das auch für alle anderen ein Anlass zur Freude. Paulus ist beim Finale seiner Argumentation: **Spaltung** – ob in Form von innerer Absonderung oder in Form von äußerem Hinausgeekelt-werden – bedeutet am Ende den Tod des Körpers. Weder ein Geringdenken über eigene Fähigkeiten noch anmaßende Äußerungen über die eigene Wichtigkeit noch verachtende Urteile über andere sind angemessen. Das darf nicht sein! Gerade das Gegenteil soll der Fall sein: die **Sorge füreinander.** In einem gesunden Miteinander kümmert man sich umeinander. Weil wir die gemeinsame Mitte Jesus haben, stehen wir wie im Kreis um ihn herum und schauen unser Gegenüber immer durch Jesus an. Dabei erkennen wir mithilfe des Heiligen Geistes, was Jesus durch mich dem anderen tun will. D.h. wer zu Jesus gehört und von seinem Heiligen Geist beseelt ist, kann absehen von menschlicher Sympathie oder Antipathie, von eigener Profiliersucht usw. Er gelangt zur christlichen Nächstenliebe, die sich an Jesus orientiert. Paulus nennt diese Liebe „Agape" – das ist die sich aufopfernde und hingebende Liebe, die Gott in Jesus vorgelebt hat, und die ich nachleben soll (vgl. Kapitel 13). Weil und wie Gott mich liebt, darum und so soll ich meinen Nächsten lieben. Geben und Nehmen durchdringen einander im Leben der Gemeinde, weil jeder etwas zu geben hat.

Die Zugehörigkeit zu Jesus zeigt sich in der Sorge füreinander. Diese wiederum gipfelt im **Mitleiden** und im **Mitfreuen**. Wenn einer leidet, betrifft das alle. D.h. wenn ein Körperteil eine Verletzung erleidet, spürt das der ganze Körper. Wenn sich der kleine Finger schneidet, hüpft der Fuß nicht mehr. Wenn das Ohr Schmerzen hat, krümmt sich der Bauch. Und umgekehrt: Wenn die Zunge jubelt, gehen die Hände mit in die Luft. Wenn sich die Nase an einem wohlriechenden Duft erfreut, tanzt das Bein. Wir sind so miteinander verbunden, dass Freud und Leid alle betrifft.

Jeder trägt mit dem Seinen dazu bei, dass das Ganze der Gemeinde gelingt. Gott will Einheit, nicht Spaltung. Darum heißt das gemeinsame Motto in Gottes Gemeinde: Einer für alle – alle für einen! Nur gemeinsam sind wir stark. Darum stehen wir zusammen. Darum sind wir füreinander da. Hand in Hand gehen wir Aufgaben an. Jeder wird dabei gewürdigt, indem er seinen Teil dazu beiträgt. Gott will Unterschiede, Gott will Ergänzung, Gott will gegenseitige Fürsorge. Vielfalt soll nicht Angst machen, sondern als bereichernd angesehen werden. Gott weist uns einander zu. Und wie wir dieses gemeindliche Miteinander mit Leben füllen, schauen wir bei Jesus ab.

Zusammenfassung: Ihr seid ein Körper, ihr seid Teamplayer, weil Gemeinde ein Miteinander ist. Dort sind wir Komplizen, nicht Konkurrenten. Jeder bringt zum Wohl des Ganzen das ein, mit dem Gott ihn beschenkt. Gott wünscht sich gegenseitige Bereicherung.

8 Ihr seid Salz und Licht

Matthäus 5,13-16

EINSTIEG

(15–20 Minuten). Wählen Sie bitte eine oder zwei Fragen aus.

1. Vielleicht haben Sie schon mal ein Salzbergwerk, ein Gradierwerk oder eine Saline besichtigt. Dort wird Salz gewonnen. Es ist sehr kostbar, früher war es sogar Zahlungsmittel. Überlegen Sie: Welche Salzarten kennen Sie und wofür kann Salz verwendet werden?

2. Salz kommt vor allem auch beim Zubereiten von Speisen zum Einsatz. Haben Sie schon mal ein Essen versalzen? Oder das Salz vergessen? Was ist Ihrer Meinung nach schlimmer? Tauschen Sie sich über Ihre Erfahrungen mit Salz beim Kochen aus!

3. Viele haben im Dunkeln Angst. Denken Sie an Situationen, in denen Sie froh waren, ein Licht gehabt zu haben. Welche Wirkung hat Licht? Welche Gefühle verbinden Sie mit Licht?

4. Stellen Sie sich einen Leuchtturm vor! Heute sind die meisten von ihnen nur noch für Touristen interessant, früher aber haben sie Leben gerettet. Licht als Lebensretter – wo hat es diese Funktion noch?

BIBELTEXT

Gesandt, um missionarisch zu leben

13 „Ihr seid das Salz der Erde. Wenn jedoch das Salz seine Kraft verliert,
womit soll man sie ihm wiedergeben? Es taugt zu nichts anderem mehr, als
weggeworfen und von den Leuten zertreten zu werden.
14 Ihr seid das Licht der Welt. Eine Stadt, die auf einem Berg liegt, kann
nicht verborgen bleiben. 15 Auch zündet niemand eine Lampe an und stellt
sie dann unter ein Gefäß. Im Gegenteil: Man stellt sie auf den Lampenständer, damit sie allen im Haus Licht gibt. 16 So soll auch euer Licht vor den
Menschen leuchten: Sie sollen eure guten Werke sehen und euren Vater im
Himmel preisen."

BIBELGESPRÄCH

(30–40 Minuten). Wählen Sie ggf. unter den Fragen aus.

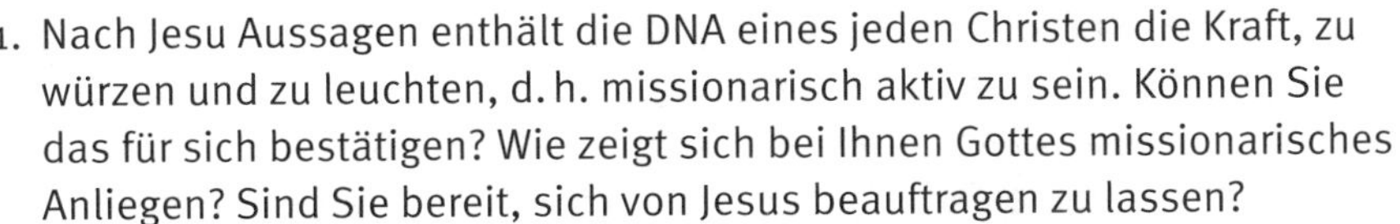

1. Nach Jesu Aussagen enthält die DNA eines jeden Christen die Kraft, zu würzen und zu leuchten, d. h. missionarisch aktiv zu sein. Können Sie das für sich bestätigen? Wie zeigt sich bei Ihnen Gottes missionarisches Anliegen? Sind Sie bereit, sich von Jesus beauftragen zu lassen?

2. Welche Formen kennen Sie, entweder selber missionarisch zu sein oder andere bei ihren missionarischen Aktivitäten zu unterstützen?

3. Mission ist immer wieder verpönt, weil angeblich anderen etwas übergestülpt werden soll. Wie verstehen Sie Jesu Beauftragung?

4. Vielleicht kennen Sie den Vorwurf, Christen würden andere als „Missionsopfer“ verzwecken. Wie gehen Sie mit diesem Vorwurf um?

5. Kennen Sie Christen, die nicht Salz oder Licht sein wollen, d. h. die Mission ablehnen? Mit welcher Begründung tun sie dies? Sind ihre Argumente für Sie überzeugend?

6. Wie hört sich dieser Gedanken für Sie an: Missionare sind auf die Großzügigkeit anderer, die sie unterstützen, angewiesen. Damit geben sie Gelegenheit, indirekt in Gottes Reich zu investieren. Unterstützer sind Mitarbeiter im Reich Gottes.

7. Es gibt Missionare, die bei ihrer Tätigkeit getötet wurden. Oftmals zeigte sogar ihr Tod noch eine Wirkung. Welche Menschen kennen Sie, die sich aufgeopfert haben?

8. Wodurch zeichnen sich die vier Missionsbefehle (Mt 28,18-20; Mk 16,15-18; Lk 24,45-49 und Joh 20,21-23) jeweils besonders aus?

AUSTAUSCH

(15–30 Minuten) Wählen Sie ggf. unter den Fragen aus. Sie können das Gespräch mit einem gemeinsamen Gebet abschließen.

1. Mission beginnt für den einen in den eigenen vier Wänden, für den anderen im Treppenhaus, für den nächsten vor der Haustür. Wie ist es bei Ihnen? Für welche konkrete Person wollen Sie in Ihrer Gruppe beten, dass sie zum Glauben an Jesus findet?

2. Welche guten Werke gibt es, die Sie sich vornehmen wollen zu tun, in der Hoffnung, dass andere Gott preisen?

3. Dr. Detlev Blöcher, DMG-Missionsdirektor, schreibt in „Missionare senden, was bedeutet das?“: „Weltmission entspringt unmittelbar dem Wesen und Willen Gottes. Der lebendige Gott führt sie aber nicht allein

aus. Er hat damit seine Gemeinde beauftragt. Sie ist das von Gott gewählte Instrument der Weltmission." Gemeinde und Mission gehören zusammen wie zwei Seiten einer Münze. Hat Ihre Gemeinde einen Missionar im Inland oder Ausland ausgesendet? Wenn ja, wie halten Sie Kontakt? Wenn nein, was könnten Sie tun, damit in Ihrer Gemeinde das Thema Mission größere Relevanz findet und sie so vielleicht auch zu einer sendenden Gemeinde wird?

ERLÄUTERUNGEN

Zusammenhang des Textes: Jesus hält eine lange Rede auf einem Berg – die sog. Bergpredigt (Mt 5–7). Seine Rede beginnt er mit acht Seligpreisungen: „Glücklich zu preisen sind die, die ..." Darunter finden sich auch Beschreibungen der leidenden Gemeinde. Insbesondere die letzte Seligpreisung bezieht sich auf Christenverfolgung (V. 10), die Jesus im Folgenden weiter entfaltet und dabei seine Zuhörer direkt anspricht (V. 11f): „Glücklich zu preisen seid ihr, wenn man euch um meinetwillen beschimpft und verfolgt und euch zu Unrecht die schlimmsten Dinge nachsagt. Freut euch und jubelt! Denn im Himmel wartet eine große Belohnung auf euch. Genauso hat man ja vor euch schon die Propheten verfolgt." Gerade diese geschmähten Jünger meint Jesus, wenn er sie im Folgenden in einem Doppelgleichnis bzw. Doppelbildwort mit Salz und Licht anspricht.

5,13: „Ihr seid das Salz der Erde. Wenn jedoch das Salz seine Kraft verliert, womit soll man sie ihm wiedergeben? Es taugt zu nichts anderem mehr, als weggeworfen und von den Leuten zertreten zu werden. Egal, wie die äußeren Lebensumstände aussehen, es gilt: **Ihr seid.** Jesus sagt dies definitiv und nicht: Ihr seid es unter Umständen, ihr seid es hin und wieder, ihr seid es vielleicht. Christen sind automatisch Mitarbeiter in Gottes Reich und damit selbstverständlich Missionare. Denn nicht allein ihre Worte reden, sondern ihr gesamtes Leben. Sie können nicht anders, als dass von ihnen etwas ausgeht. Sobald Jesus das Innere prägt, wird es unweigerlich nach außen sichtbar sein. Dies ist aber nichts, was ich aus mir heraus bin, oder was ich aus mir heraus tue, sondern was der Heilige Geist aus mir und in mir macht. Vgl. Eph 2,10: „Denn was wir sind, ist *Gottes* Werk; er hat uns durch Jesus Christus dazu geschaffen, das zu tun, was gut und richtig ist. Gott hat alles, was wir tun sollen, vorbereitet; an uns ist es nun, das Vorbereitete auszuführen." Gott ist der Organisator der guten Werke, wir sind Ausführende.

Jesus vergleicht Christen mit **Salz**. Es dient dazu, Nahrung zu würzen und haltbar zu machen. Damals wurde es aus dem Toten Meer gewonnen. Es war alltäglich, aber doch sehr teuer und äußerst wertgeschätzt. So kostbar sind wir Christen in Gottes Augen.

Als **Salz der Erde** ist es Aufgabe von uns Christen, unser Umfeld zu würzen. Gemeint sind hier die Menschen, die auf der Erde leben. Ihr Leben schmeckt ohne den Beitrag von Christen, d.h. ohne den Glauben an Jesus, fad – ihr Leben ist ärmlich. Durch Christen bekommen Erdenbewohner Würze, werden köstlich und genießbar – ihr Leben wird reich. Bei Speisen ist das Mengenverhältnis von Salzkörnern zu den sonstigen Zutaten sehr gering, und doch entwickelt Salz eine enorme Würzkraft. D.h. übertragen: Auch wenn die Anzahl von Christen rein mengenmäßig sehr gering ist, geht von ihnen eine große, lebensverändernde Kraft aus. Dabei hat Salz die Eigenschaft, sich aufzulösen, wenn es seine Würzkraft verströmt und so für seine Umwelt wertvoll wird. Christen salzen, indem sie sich im Dienst für Jesus „auflösen" – wie Jesus es für sie getan hat.

Es kann vorkommen, dass Salz nicht mehr würzt, d.h. **seine Kraft verliert.** Dies wäre jedoch vollkommen gegen seine Natur. Denn Salz wird niemals schlecht und zählt damit zu den Lebensmitteln, die nicht verderben. Außer es wird durch Beimischung anderer Stoffe verunreinigt, was am Toten Meer durchaus vorkommen konnte. Auf so manchen Christen trifft dies zu. Sie zeigen dieses unnatürliche Verhalten. Zum Teil aus verständlichen Gründen, wenn sie z.B. in Verfolgungssituationen aus Angst vor Nachteilen schweigen. Auch geht ihre Salzkraft verloren, wenn Jünger sich an die Welt angleichen. Wer sein Christsein aus irgendeinem Grund versteckt, kommt seiner Aufgabe, sein Umfeld zu würzen, es zum Positiven zu verändern, nicht nach. Die Konsequenz: Er wird **weggeworfen** und **zertreten** – Gerichtsbilder. Ein Christ, der nicht bereit ist, im Dienst für Jesus zu leben, bleibt seinem nichtchristlichen Umfeld das Entscheidende schuldig. Schlimmer noch: Er wird **von den Leuten zertreten** – von genau den Menschen, die durch dessen Würzkraft hätten verändert werden sollen. Sie verachten den Christen und auch Christus.

5,14: **Ihr seid das Licht der Welt.** Dieses Bildwort ist parallel zum vorherigen aufgebaut. Definitiv legt Jesus fest: Seine Jünger sind dies immer, nicht nur gelegentlich: **Ihr seid** mithilfe des Heiligen Geistes hell machendes **Licht**. Wenn Jesus von sich selber sagt (Joh 8,12): „Ich bin das Licht der Welt. Wer mir nachfolgt, wird nicht mehr in der Finsternis umherirren, sondern wird das Licht des Lebens haben", dann geben seine Jünger von seinem Licht weiter. Sie bringen Licht nicht aus sich hervor, sondern spiegeln Jesu Licht wider. Sie sind wie der Mond, der seine Leuchtkraft von der Sonne erhält. Damit bezieht Jesus seine Jünger in sein Wirken ein. Er würdigt sie, indem er ihnen Anteil an seinem eigenen Auftrag gibt, Licht für die Welt zu sein. **Welt** meint die Gesamtbevölkerung. In ihr ist es finster, weil sie Jesus nicht kennt. Auch wenn so mancher Christ meinen mag, er sei nur ein kleiner Funke im großen Dunkel, das oft so erdrückend erscheint: Wenn seine Strahlkraft abgeleitet ist aus Jesu überragendem Licht, reicht seine kleine Kraft, damit es hell wird.

5,14+15: **Eine Stadt, die auf einem Berg liegt, kann nicht verborgen bleiben. Auch zündet niemand eine Lampe an und stellt sie dann unter ein Gefäß. Im Gegenteil: Man stellt sie auf den Lampenständer, damit sie allen im Haus Licht gibt.** Zwei weitere Vergleiche fügt Jesus an:

Es ist wie bei einer **Stadt auf einem Berg**: Tagsüber ist sie durch ihre Silhouette zu sehen, nachts durch ihre Lichter. Sie kann nicht verborgen bleiben, sondern ist von Weitem zu sehen. Dadurch wirkt sie einladend, attraktiv, verheißungsvoll. Christen ebenso. Wenn sie wirklich Licht sind, kann man sie nicht übersehen. Sie haben Ausstrahlung.

Und es ist wie bei einer **Lampe**: Es wäre völlig absurd, man würde sie anzünden, um sie dann mit einem Gefäß abzudecken. So wäre sie völlig nutzlos. Ihren Sinn erhält sie umso mehr, wenn man sie erhöht stellt, damit sie das Zimmer noch besser ausleuchten kann. So strahlt sie optimal und gibt den Hausbewohnern bestmögliche Sicht. Christen ebenso. Sie helfen anderen, sich zurechtzufinden. Sie geben Orientierung.

5,16: **So soll auch euer Licht vor den Menschen leuchten: Sie sollen eure guten Werke sehen und euren Vater im Himmel preisen."** Jesus konkretisiert die Leucht-Aufgabe der Jünger durch **gute Werke**. Diese meinen das gesamte Verhalten und schließen auch das gute Wort, d.h. das persönliche Zeugnis, mit ein. Wenn sich Christen anders verhalten, als es in ihrer Umwelt üblich ist, nämlich nach dem Willen Gottes, sind sie Gesprächsthema. Das kann Neugierde, Fragen und bestenfalls Zustimmung hervorrufen, aber auch Desinteresse bis hin zu Ablehnung. Christen wissen, dass sie eine mögliche Wirkung haben, und sind unerschrocken. Auch noch in Verfolgungssituationen verheimlichen sie ihren Herrn nicht und leben auf die ihnen mögliche Weise missionarisch. Denn für diejenigen, die sie gewinnen, bedeutet ihr Leuchten durch gute Werke Segen. Aus dem Sehen der guten Werke der Jünger folgt der Lobpreis der Menschen. Sie werden den **Vater im Himmel** preisen. Ihr Lobpreis zu Gott drückt ihre Freude aus, nun auch im Licht zu sein, d.h. als Kind Gottes zur Familie dieses Vaters zu gehören.

Was Jesus hier in Metaphern ausdrückt, wird am Ende jedes der vier Evangelien ohne Bild ausgesagt. Dies geschieht jeweils mit einem besonderen Akzent. Zusammengenommen entsteht eine Gesamtschau für das, was Gottes Mission ausmacht.

Matthäus 28,18-20:

18 Jesus trat auf sie zu und sagte: „Mir ist alle Macht im Himmel und auf der Erde gegeben.
19 Darum geht zu allen Völkern und macht die Menschen zu meinen Jüngern; tauft sie auf den Namen des Vaters, des Sohnes und des Heiligen
Geistes 20 und lehrt sie, alles zu befolgen, was ich euch geboten habe. Und seid gewiss: Ich bin jeden Tag bei euch, bis zum Ende der Welt." Zwei Dinge sind hervorgehoben: Jesus umrahmt die weltweite Beauftragung seiner Jünger mit der Zusage seiner alles umspannenden Macht und seiner bleibenden Nähe zu ihnen. Damit ist letztlich er der Garant ihrer Wirksamkeit und der Schutz bei ihrem Wirken. Daneben ist die Art und Weise bedeutend, wie Jesu Jünger andere zu Jünger Jesu machen sollen: durch taufen und lehren. Dies meint das äußere Demonstrieren eines Machtwechsels und das innere Herausbilden von neuen, auf Jesus bezogenen Überzeugungen.

Markus 16,15-18:

15 Danach sagte Jesus zu seinen Jüngern: „Geht in die ganze Welt und verkündet der ganzen
Schöpfung das Evangelium! 16 Wer glaubt und sich taufen lässt, wird gerettet werden. Wer aber nicht glaubt, wird verurteilt werden.
17 Folgende Zeichen werden die begleiten, die glauben: In meinem Namen werden sie Dämonen austreiben; sie werden in neuen Sprachen
sprechen; 18 wenn sie Schlangen anfassen oder ein tödliches Gift trinken, wird ihnen das nicht schaden; Kranke, denen sie die Hände auflegen, werden gesund werden." Neben universalem Horizont und der miteinander in Beziehung stehenden äußeren Taufe und innerem Glauben liegt der Schwerpunkt auf den Machtdemonstrationen Jesu, die die Jünger begleiten.

Lukas 24,45-48:

45 Und er öffnete ihnen das Verständnis für die Schrift, sodass sie sie verstehen konnten,
46 und sagte zu ihnen: „So steht es doch in der Schrift: Der Messias muss leiden und sterben, und drei Tage danach wird er von den Toten auf-
erstehen. 47 Und in seinem Namen sollen alle Völker zur Umkehr aufgerufen werden, damit sie Vergebung ihrer Sünden empfangen. In Jerusalem soll damit begonnen werden. 48 Ihr
seid Zeugen für das alles." Besonderes Gewicht hat hier der Rückbezug auf Jesu Leiden und Auferstehen, das bereits im Alten Testament angekündigt war. Mit diesem Hintergrund ziehen die Jünger los, damit sie zur Umkehr rufen und so die Trennung von Gott und allen Völkern aufheben. Sündenvergebung ist der Akt, um in die Gemeinde Jesu eingegliedert zu werden.

Johannes 20,21-23:

21 „Friede sei mit euch!", sagte Jesus noch einmal zu ihnen. „Wie der Vater mich gesandt hat,
so sende ich jetzt euch." 22 Und er hauchte sie
an und sagte: „Empfangt den Heiligen Geist!
23 Wem ihr die Sünden vergebt, dem sind sie vergeben; wem ihr sie nicht vergebt, dem sind sie nicht vergeben." Hier wird Mission verknüpft mit der Sendung des Sohnes vom Vater. Sie geht weiter, indem nun der Sohn die Kinder des Vaters sendet. Doch sie gehen nicht alleine, sondern begleitet und befähigt von der dritten Person der Dreieinigkeit: dem Heiligen Geist. Er verleiht ihnen göttliche Autorität, damit sie anderen ihre Sünden vergeben oder nicht vergeben, um andere in die Gotteskindschaft und damit in die Gemeinde aufzunehmen oder ihnen dies zu verweigern.

Zusammenfassung: Ihr seid Salz und Licht, ihr seid Beauftragte, weil Jesus weltweit bekannt werden möchte. Wer Jünger Jesu ist, ist Missionar. Die Gemeinde kann nicht anders, als missionarisch aktiv zu sein. Sie wird ihre Art und Weise finden, wie sie Würzkraft und Ausstrahlung entfalten kann. Dabei hat sie einen weltumspannenden Horizont, denn überall sollen Menschen den Vater erkennen und Jünger Jesu werden.

9 Ihr seid Jungfrauen

Matthäus 25,1-13

EINSTIEG

(15–20 Minuten). Wählen Sie bitte eine oder zwei Fragen aus.

1. Eine Hochzeit ist ein fröhliches Fest. Wann haben Sie zuletzt bei einer Hochzeit mitgefeiert? Welches ist Ihre schönste Hochzeitserinnerung? Was macht für Sie den besonderen Charakter einer Hochzeit aus?

2. Für Kinder ist das Warten-Müssen, z. B. an Weihnachten, kaum auszuhalten. Wann mussten Sie zuletzt auf etwas warten? Wie gingen Sie mit der Spannung um? Was hat das Warten erleichtert? Hat sich das Warten für Sie gelohnt?

3. Wie stellen Sie es sich vor, dass es nach Ihrem Tod weitergeht? Was erwarten Sie? Was sagt die Bibel?

BIBELTEXT

Der Countdown läuft

1 „Wenn der Menschensohn kommt, wird es mit dem Himmelreich wie mit
zehn Brautjungfern sein, die ihre Fackeln nahmen und dem Bräutigam entgegengingen. 2 Fünf von ihnen waren töricht, und fünf waren klug. 3 Die
Törichten nahmen zwar ihre Fackeln mit, aber keinen Ölvorrat. 4 Die Klugen dagegen hatten außer ihren Fackeln auch Gefäße mit Öl dabei. 5 Als
sich nun die Ankunft des Bräutigams verzögerte, wurden sie alle müde und
schliefen ein.

6 Mitten in der Nacht ertönte plötzlich der Ruf: „Der Bräutigam kommt!
Geht ihm entgegen!“ 7 Die Brautjungfern wachten alle auf und machten sich
daran, ihre Fackeln in Ordnung zu bringen. 8 Die Törichten sagten zu den
Klugen: „Gebt uns etwas von eurem Öl; unsere Fackeln gehen aus.“ 9 Aber
die Klugen erwiderten: „Das können wir nicht, es reicht sonst weder für uns
noch für euch. Geht doch zu einem Kaufmann und holt euch selbst, was ihr
braucht!“ 10 Während die Törichten weg waren, um Öl zu kaufen, kam der
Bräutigam. Die fünf, die bereit waren, gingen mit ihm in den Hochzeitssaal.
Dann wurde die Tür geschlossen. 11 Später kamen auch die anderen Brautjungfern und riefen: „Herr, Herr, mach uns auf!“ 12 Doch der Bräutigam antwortete: „Ich kann euch nur das eine sagen: Ich kenne euch nicht!“

13 „Seid also wachsam!“, schloss Jesus. „Denn ihr wisst weder den Tag
noch die Stunde im Voraus.“

BIBELGESPRÄCH

(30–40 Minuten). Wählen Sie ggf. unter den Fragen aus.

1. Jesus zielt in diesem Gleichnis auf das Öl, das wir als Glaubende haben sollen. Darum ist es wichtig, dass deutlich benannt wird, was Jesus mit Öl meint. Bitte definieren Sie!

2. Wir leben nicht in einer Ölkrise. Wie können Sie sich einen Ölvorrat anlegen?

3. Ist es vorstellbar, dass Menschen einen glänzenden Anfang im Glauben – oder auch Erfahrungen mit Jesus – machen, dann aber wieder davon abkommen? Wie können Sie sich das erklären?

4. Jesus schildert eine definitiv verschlossene Tür. D. h. es gibt ein „Zu-spät“; es gibt Menschen, die das Ziel der Ewigkeit nicht erreichen werden. Wie wirkt das auf Sie? Ist diese Aussage für Sie eine Zumutung? Wirkt dies bedrohlich? – Oder aufrüttelnd?

5. Wie bekommen Sie das Bild der verschlossenen Tür zusammen mit der Aussage über einen gnädigen Gott? Wäre es nicht Gottes Aufgabe, Gnade vor Recht ergehen zu lassen? Sollte er nicht vielmehr die Türen zum Himmel weit aufreißen?

6. Inwiefern fordert Jesus mit diesem Gleichnis – und anderen konditionierenden Aussagen, d. h. Zusagen, die er nur dann erfüllt, wenn ich bestimmte Bedingungen erfülle – eine Art Werkgerechtigkeit?

7. Es gibt die Redewendung: „Gott hat nur Kinder, keine Enkelkinder.“ Wieso scheint für Gott die Mitgliedschaft in einer Gemeinde nicht das Entscheidende zu sein? Was ist stattdessen das Wesentliche?

AUSTAUSCH

(15–30 Minuten) Wählen Sie ggf. unter den Fragen aus. Sie können das Gespräch mit einem gemeinsamen Gebet abschließen.

1. Wie sehr lodert im Moment die Flamme Ihres Glaubens? Was könnten Sie tun, um diese in Ihrem Alltag mit Öl zu befeuern? Besteht in Ihrer Gruppe Offenheit, konkrete Dinge miteinander zu vereinbaren und so einander zum Gehilfen zu werden, der auch mal nachfragen darf, wie es gerade läuft? Wenn ja, was wollen Sie abmachen?

2. Spricht Sie folgende Redewendung an: „Was nicht regelmäßig geht, geht in der Regel mäßig“? Inwiefern kann Ihnen eine gesunde Routine im Glaubensleben hilfreich sein? Tauschen Sie sich aus, was für Erfahrungen Sie bislang gemacht haben!

3. Manfred Siebald textet in einem Lied:

„Wir haben es uns gut hier eingerichtet.
Der Tisch, das Bett, die Stühle stehn,
der Schrank mit guten Dingen vollgeschichtet.
Wir sitzen, alles zu besehn.
Dann legen wir uns ruhig nieder
und löschen, müd vom Tag das Licht
und beten laut: ‚Herr, komm doch wieder'
und denken leise: ‚Jetzt noch nicht'."

Wie gehen Sie um mit dieser Spannung zwischen „jetzt gleich" und „noch nicht"? Was wäre, wenn Jesus tatsächlich heute noch kommen würde?

ERLÄUTERUNGEN

Zusammenhang des Textes: Das Matthäusevangelium sticht unter den drei synoptischen Evangelien durch sechs größere Redekomplexe heraus (5–7: Bergpredigt; 10: Aussendungsrede; 13: Gleichnisrede; 18: Gemeinderede; 23: Weherufe gegen Schriftgelehrte und Pharisäer; 24–25: Endzeitrede). In seiner letzten Rede schildert Jesus seinen Jüngern die letzten Ereignisse der Weltgeschichte (24,3-28), bevor er wiederkommt (24, 29-31). Da keiner weiß, wann dies sein wird, mahnt er zur Wachsamkeit (24,32-44). In drei kurzen Erzählungen (24,45-51; 25,1-13; 14-30) illustriert er, wie unverhofft sein Kommen sein wird und wie seine Jünger, d.h. seine Gemeinde, die Zeit des Wartens angemessen füllen. Seine Endzeitrede beschließt Jesus mit einer Beschreibung des Gerichts, das er halten wird, wenn er wiederkommt (25,31-46).

25,1: Wenn der Menschensohn kommt, wird es mit dem Himmelreich wie mit zehn Brautjungfern sein, die ihre Fackeln nahmen und dem Bräutigam entgegengingen. Jesus erzählt ein Gleichnis. Er vergleicht sein Wiederkommen mit einem Hochzeitsfest. So schön wird das werden! **Menschensohn** ist dabei ein Hoheitstitel, der sich bereits beim Propheten Daniel findet (7,13). Jesus redet hier über sich also in der dritten Person.

In seinem Gleichnis stellt Jesus jedoch nicht sich und auch nicht die Braut in den Fokus, sondern zehn **Brautjungfern**. Diese haben die Ehre, das Brautpaar in einem Hochzeitszug vom Haus der Braut zum Haus des Bräutigams zu geleiten. Dort wird das Hochzeitsfest gefeiert.

Aufgrund der Hitze war es im Orient üblich, dass Hochzeiten am Abend gefeiert wurden. Die Braut erwartet ihren Bräutigam in ihrem Elternhaus, damit er sie zu sich holt. Die Brautjungfern warten mit der Braut auf das Kommen des Bräutigams. Sobald sein Kommen gemeldet wird, machen sie sich auf, ihm entgegen.

Da das Fest erst am Abend sein würde, haben die Brautjungfern **Fackeln** dabei, um dem Hochzeitszug mit einer Art Lichterprozession voranzuziehen. Diese Fackeln waren Stocklampen, d.h. ein Gefäß mit brennbarer Flüssigkeit gefüllt. Eine einfachere Ausführung war ein in Öl bzw. Petroleum getränkter Lappen, den man oben um einen Stock wickelte. Beides rußte ziemlich, weshalb man solche Fackeln nur im Freien verwenden konnte.

25,2-4: Fünf von ihnen waren töricht, und fünf waren klug. Die Törichten nahmen zwar ihre Fackeln mit, aber keinen Ölvorrat. Die Klugen dagegen hatten außer ihren Fackeln auch Gefäße mit Öl dabei. Bisher erschienen die zehn Brautjungfern als homogene Einheit. Doch nun differenziert Jesus in seiner Erzählung. Die Hälfte von ihnen charakterisiert er als **töricht**, die anderen als **klug**. Doch worin besteht ihre Torheit bzw. Klugheit? Darin, dass man einen Ölvorrat dabeihat (s. dazu Erklärung in 25,11-12). Mit den Fackeln allein ist es scheinbar nicht getan. Sie brauchen Öl, um brennen zu können. Nur die Hälfte der Brautjungfern hat solch einen Ölvorrat dabei. Im Verlauf der Erzählung wird deutlich, dass dieses Öl das Entscheidende ist. Ob wir einen Ölvorrat dabeihaben oder nicht, wird zum wesentlichen Kriterium.

Was besagt die Tatsache, dass beide Gruppen gleich groß sind? Damit unterstreicht Jesus seine abschließende Mahnung in V. 13, wachsam zu sein. Das bekommen bei Weitem nicht alle hin!

25,5: Als sich nun die Ankunft des Bräutigams verzögerte, wurden sie alle müde und schliefen ein. Dass sich der Bräutigam **verzögert**, kann bei uns negativ aufstoßen, als ob er seine Braut sitzen lassen wollte. Doch im Orient war dies nicht außergewöhnlich. Im Gegenteil, es war ein gutes Zeichen. Denn bevor der Bräutigam feiern konnte, musste er Verhandlungen über den Brautpreis führen. Diese konnten sehr langwierig sein. Denn je länger solche Mitgiftverhandlungen dauerten, desto geachteter und angesehener war die Braut.

Selbstverständlich konnte das Fest nicht beginnen, solange der Bräutigam abwesend war. Den Brautjungfern und allen anderen blieb nichts anderes übrig als zu warten, bis der Bräutigam kommt. Dass sie müde wurden und **einschliefen**, wird ihnen hier aber nicht zum Vorwurf gemacht. Schläfrigkeit kann also keine Laschheit im Glauben oder dergleichen bedeuten. Es unterstreicht lediglich, dass das Warten lang werden kann.

25,6-9: Mitten in der Nacht ertönte plötzlich der Ruf: „Der Bräutigam kommt! Geht ihm entgegen!“ Die Brautjungfern wachten alle auf und machten sich daran, ihre Fackeln in Ordnung zu bringen. Die Törichten sagten zu den Klugen: „Gebt uns etwas von eurem Öl; unsere Fackeln gehen aus.“ Aber die Klugen erwiderten: „Das können wir nicht, es reicht sonst weder für uns noch für euch. Geht doch zu einem Kaufmann und holt euch selbst, was ihr braucht!“ Dann aber ist es endlich so weit. Die Boten rufen das Kommen des Bräutigams aus. Plötzlich kommt Bewegung in die Sache und in die Brautjungfern. Nun endlich können sie ihrer lang ersehnten Aufgabe nachkommen, d. h. den Bräutigam mit ihren Lichtern empfangen, um ihn und die Braut in einer Art Lichterprozession zum Festsaal zu geleiten. Die einzige Voraussetzung: Sie haben Öl für ihre Fackeln, um sie einsatzbereit zu machen. Doch wie peinlich: Nicht alle haben das erforderliche Öl!

Wer keinen Ölvorrat dabeihat, wird als töricht charakterisiert, als leichtfertig, dumm, der nicht vorausdenkt. Es wird nicht gesagt, dass die Brautjungfern sündig wären! Es geht um solche, die durchaus zum Bräutigam gehören, denen aber ein peinlicher – und wie der Fortgang der Geschichte zeigt – alles verderbender Fehler unterläuft.

Schnell wollen sie ihren Fehler ausradieren, indem sie die klugen Brautjungfern nötigen: „Lasst uns teilen!“ Doch die Klugen ahnen: „Dann wird es für uns alle eine Blamage. Schaut, wo Ihr Öl herbekommt. Geht zum Kaufmann! Wir haben nichts abzugeben.“ Dieses Öl ist also nicht teilbar. Diesen Rat befolgen die Törichten. Doch die Frage ist: Welcher Kaufmann hat mitten in der Nacht geöffnet?

25,10: Während die Törichten weg waren, um Öl zu kaufen, kam der Bräutigam. Die fünf, die bereit waren, gingen mit ihm in den Hochzeitssaal. Dann wurde die Tür geschlossen. In der Zwischenzeit trifft der Bräutigam ein. Er wird von den verbliebenen fünf mit großer Freude empfangen. Sie sind bereit und führen ihn und seine Braut zum Hochzeitsfest.

Und nun kommt Jesus zur Pointe seines Gleichnisses. Seine Zuhörer trauen ihren Ohren kaum: Die Türen des Hochzeitssaales werden verschlossen! Eine **verschlossene Tür** – bei einer Hochzeit? Gerade im Orient, wo Gastfreundschaft großgeschrieben wird, vollkommen absurd!

25,11-12: Später kamen auch die anderen Brautjungfern und riefen: „Herr, Herr, mach uns auf!" Doch der Bräutigam antwortete: „Ich kann euch nur das eine sagen: Ich kenne euch nicht!" Später kommen die fünf anderen Brautjungfern. In der Erzählung bleibt es unklar, ob sie beim Kaufmann Öl bekommen haben. Doch mitten in der Nacht scheint dies kaum der Fall zu sein. Dennoch tauchen sie auf und begehren Einlass. Sie nennen Jesus zwar **Herr**, doch die Tür bleibt zu. Das Entscheidende fehlt ihnen, womit sie Jesus überzeugen können und womit ihr Bekenntnis zu ihm glaubwürdig ist. Er gewährt ihnen keinen Einlass. Es ist eine geschlossene Gesellschaft. Zu spät ist zu spät! Jesus sagt, er **kenne sie nicht**, obwohl Brautjungfern normalerweise beste Freundinnen der Braut oder sogar Familienangehörige der Braut waren. Sein Urteil ist definitiv.

Was will Jesus mit seinem Gleichnis sagen? Wenn er Gleichnisse erzählt, will er mit alltäglichen Dingen Sachverhalte des Glaubens aufzeigen. Dabei gibt es meist einen springenden Punkt, den es zu erfassen gilt. Versuchen wir also, die Bildebene zu verlassen und Zuordnungen vorzunehmen:

Mit dem Bräutigam ist Jesus gemeint. Er wird am Ende der Tage wiederkommen. Es ist also sein zweites Kommen gemeint. Wann genau das sein wird, bleibt ihm überlassen.

Das Hochzeitsfest verdeutlicht den Festcharakter, wenn Jesus wiederkommt. Es ist das stärkste Bild der Freude und symbolisiert das nie endende Fest in Gottes ewiger Herrlichkeit.

Mit den zehn Brautjungfern umschreibt Jesus seine Nachfolger, die christliche Gemeinde. Die Zahl zehn ist dabei eine Zahl der Vollständigkeit und steht für die Gesamtheit aller Christen.

Dass sie sich aufmachen, verdeutlicht ihre Anspannung und Vorfreude. Jesu Kommen steht unmittelbar bevor.

Die Fackeln sind ihre Ausrüstung. Sie versinnbildlichen den Glauben an Jesus. Denn der Glaube ist es, der sie zu Christen macht. Kurz gesagt: Wer eine Fackel hat, gehört zur Gemeinde.

Worauf es aber entscheidend ankommt, ist das Öl. Wofür steht es?

Es kann sein, dass sich Menschen für den Glauben an Jesus begeistern lassen, d.h. dass sie Christen werden. Aber nur ein Teil von ihnen hält durch bis Jesus wiederkommt. Es gibt offenbar Situationen im Leben, in denen anderes wichtiger werden kann als Jesus, in denen das Glaubensleben in den Hintergrund rückt. Ergebnis: Das Licht der Fackeln wird schwächer und schwächer. Die Flamme wird kleiner und bei so manchem erlischt sie ganz. Am Ende leuchten sie nicht mehr, und der Bräutigam schickt die Brautjungfern weg – endgültig!

Das kommt dem Urteil gleich, das Jesus als Richter beim Weltgericht fällen wird (vgl. Mt 25,31ff). Über wen er dieses Urteil fällen wird, haben wir nicht vorwegzunehmen, das überlassen wir getrost ihm. Denn Jesus erzählt sein Gleichnis in erster Linie mir! Ich soll merken: Ich bin eine dieser Brautjungfern. Denn ich glaube und warte, dass Jesus wiederkommt. Für mich ist jetzt die Zeit, in der ich mich um meinen Ölvorrat kümmern sollte. Wie aber mache ich das?

Wenn die Fackel für den Glauben an Jesus steht, für die Beziehung zu ihm, dann ist das Öl, das diese Fackel am Brennen hält, die Nahrung, die mein Glaube bekommt. Damit mein Glaube lebendig ist, brauche ich Dinge, die meinen Glauben befeuern. Denn Öl bedeutet für die Fackel Leben. Wo aber bekomme ich solchen Öl-Nachschub her? Allein bei Gott selbst, d.h. in der Begegnung mit ihm. Das kann beim Bibellesen sein, beim Beten, im Gottesdienst, im Treffen mit Glaubensgeschwistern usw. Das kann sein, wenn ich merke, dass ich mich mithilfe des Heiligen Geistes zum Guten verändere, sodass ich Dinge sein lassen kann, von denen die Bibel sagt, dass sie Gott nicht gefallen – früher bezeichnet mit dem alten Wort „Heiligung". Anders ausgedrückt: Öl sind all die Glaubens-Erfahrungen, die mein Herz für Gott höherschlagen, mich im Glauben wachsen lassen. Ihm nahe zu sein, füllt meinen Öl-Reservekanister. Ist dieser ausreichend voll, hat meine Glaubens-Fackel Nachschub und kann lodern. Sie strahlt in voller Leuchtkraft. Doch wenn das nicht der Fall ist, wird mir der Glaube fade, wird mir das Warten auf Jesus zu lang. D.h. meine Fackel erlischt, mein Glaube verkümmert.

Ein weiterer Aspekt wird durch dieses Gleichnis deutlich: Aus der Verbundenheit mit der Gemeinde darf nicht eine falsche Sicherheit erwachsen. Die Zugehörigkeit zu einer Gemeinde garantiert nicht das Heil. Hier wird der einzelne Christ aus der Gesamtheit herausgehoben. Es gibt keinen „Gemeindeglauben", sondern Glaube ist immer Zweierbeziehung zwischen Jesus und Mensch: d.h. die Zugehörigkeit zur Gemeinschaft der Christen will mit Leben gefüllt werden. Konkret bedeutet dies: Nicht einmal meine Taufe, die oftmals als Eintritt in die Gemeinde angesehen wird, ist ein Garantieschein in den Himmel, sondern zur Taufe muss der gelebte Glaube dazukommen – vgl. Mk 16,16: „Wer glaubt und sich taufen lässt, wird gerettet werden. Wer aber nicht glaubt, wird verurteilt werden." Der Einzelne ist aufgefordert, sich nicht auf die anderen zu verlassen, sondern selber bereit zu sein, sich für das Kommen Jesu zu rüsten.

Die Abweisung Jesu hat ihre Entsprechung in der Bergpredigt – Mt 7,21-23: „Nicht jeder, der zu mir sagt: ‚Herr, Herr!', wird ins Himmelreich kommen, sondern nur der, der den Willen meines Vaters im Himmel tut. Viele werden an jenem Tag zu mir sagen: ‚Herr, Herr! Haben wir nicht in deinem Namen prophetisch geredet, in deinem Namen Dämonen ausgetrieben und in deinem Namen viele Wunder getan?' Dann werde ich zu ihnen sagen: ‚Ich habe euch nie gekannt. Geht weg von mir, ihr mit eurem gesetzlosen Treiben!'"

Auch sie sind Nachfolger Jesu, die ihre Zugehörigkeit zu Jesus in Wort und Tat beweisen. Ähnliches könnten auch die fünf törichten Jungfrauen sagen: „Haben wir nicht die halbe Nacht auf Dich gewartet?" Und doch werden sie verworfen! Das zeigt: Die glänzendste Wirksamkeit für Jesus, auch verbunden mit großartigen Wundern, ist keine Garantie, am Ende gerettet zu sein. Wenn es am Tun des Willens des himmlischen Vaters fehlt, bringt alles andere nichts. Was will der Vater? Vielleicht lässt es sich so zusammenfassen: Treue, bedingungslose Loyalität, enge Gemeinschaft, die sich in einem heiligen Leben zeigt. Dazu gehört nach diesem Gleichnis Jesu das bereite Warten auf Jesu Kommen.

Damit erweist sich das Matthäusevangelium als das Evangelium, das das Heil schildert als zwar voraussetzungslos geschenkt, aber nicht bedingungslos, d.h. der geschenkt bekommene Glaube muss sich bewähren. (Zum weiteren Studium siehe ähnliche Aussagen in Mt 6,14f; 16,24-27; 18,21-35; 25,31-46.)

25,13: „Seid also wachsam!", schloss Jesus. „Denn ihr wisst weder den Tag noch die Stunde im Voraus." Darum endet Jesus mit einem Appell. Er will motivieren, für das Fest im Himmel bereit zu sein. Den genauen Termin, wann Jesus wiederkommen und das Fest beginnen wird, kann keiner benennen. Den Zeitpunkt seines Kommens weiß keiner zu berechnen oder vorherzusagen, doch das ist auch nicht wichtig. Wichtig allein ist, genügend Spannkraft zum geduldigen Warten zu haben. Denn das Warten lohnt sich. Das Beste kommt noch! Dann werden wir den Bräutigam von Angesicht zu Angesicht sehen und mit ihm feiern.

Die Absicht, die Jesus mit seinem Gleichnis verfolgt, ist, dass wir heute überdenken: Wenn Jesus wiederkommt, zu welcher der beiden Gruppen gehöre ich? Entweder-oder. Er will uns heute wachrütteln, damit wir vorsorgen und allzeit bereit sind für ihn.

Zusammenfassung: Ihr seid Jungfrauen, ihr seid Wartende, denn Jesus kommt bald wieder. Doch dieses Warten ist manchmal mühsam. Was uns wachsam sein lässt für Jesu Kommen, sind Erfahrungen seiner Nähe, dass er heute immer noch erlebbar ist und handelt. In der Gemeinde können wir uns gegenseitig im Warten bestärken, indem wir einander Anteil geben, was wir mit Jesus schon erlebt haben und heute erleben.

Notizen

Notizen

Gordon D. Fee und
Douglas Stuart

Effektives Bibelstudium

Die Bibel verstehen und auslegen

384 Seiten, gebunden
ISBN 978-3-7655-0602-4

„Die Bibel – ein Buch mit sieben Siegeln? Dieses altbekannte Vorurteil wird auf jeder Seite dieses Buches widerlegt. Bibellesen wird spannend, wenn man die Texte richtig versteht und weiß, wie sie auszulegen und anzuwenden sind. Was hat der Text seinen ursprünglichen Lesern gesagt? Und was bedeutet er für uns heute? Um diese zwei Fragen zu beantworten, muss man wissen, was für einen Text man vor sich hat: Ein Gedicht ist kein historischer Bericht, und ein historischer Bericht ist kein für alle Zeiten verbindlicher Gesetzestext. Evangelien, Gleichnisse, Offenbarung – ‚Effektives Bibelstudium' stellt die verschiedenen Textgattungen der Bibel vor und zeigt anschaulich, wie sie zu verstehen sind. Das Buch, das man braucht, um die ‚sieben Siegel' der Bibel zu brechen – damit Bibellesen Freude bringt und nicht in die Irre führt."

Otto Ziegelmeier auf theology.de

N. T. Wright: Bibelkommentare *für heute*

Die Bibel, erklärt und ausgelegt von N. T. Wright. Intelligent, aber nicht hochgestochen. Eingängig, aber nicht zu simpel. Die einzelnen Bibelabschnitte werden verständlich vor dem Hintergrund dessen, was wir heute über Jesus und seine Zeit wissen. Und sie werden lebendig für das Leben mit Jesus heute.

N. T. Wright ist international einer der einflussreichsten Theologen der Gegenwart. Und er kann sich so klar ausdrücken, dass ihn jeder Leser verstehen kann. Inzwischen hat er alle 27 Bücher des Neuen Testaments kommentiert. Wer sich selbstständig mit der Bibel und ihrer praktischen Relevanz „für heute“ befassen will, ist hier an der richtigen Adresse.

Prof. Dr. Armin Baum, Freie Theologische Hochschule Gießen

Tim Dowley

Brunnen Bibelatlas

32 Seiten
ISBN 978-3-7655-6199-3

- 30 vierfarbige Karten
- von Abraham bis zu den frühchristlichen Gemeinden
- Hintergrundinformationen zu jeder Karte
- Ortsregister

Die Bibel ist voll von Ortsangaben und Reisebeschreibungen: Von Abrahams großer Reise aus Ur ins Land Kanaan bis hin zu den Missionsreisen des Paulus. Aber wo lag eigentlich Mesopotamien? Wo durchquerte Mose mit den Israeliten das Rote Meer? Wo befand sich Kadesch-Barnea, einer der wichtigsten Lagerplätze der Israeliten bei ihrer 40 jährigen Wanderung durch die Wüste? Oder Ninive – die Stadt, die der Prophet Jona so weit wie möglich hinter sich lassen wollte?

Auf 32 Seiten bieten die detailgenauen Reliefkarten dieses Bibelatlasses einen Überblick über die Geografie der Bibel: Wo fanden die in der Bibel geschilderten Ereignisse statt? Wo lagen wichtige Orte? Welche Reiserouten werden beschrieben? Wo lagen die verschiedenen beschriebenen Völker und Nationen und welche Grenzen hatten die Gebieten der Stämme Israels?

Brunnen Verlag GmbH
www.brunnen-verlag.de